**O FUNDAMENTO**

**DA HONRA**

**PAULO VENTURA**

Publicação TSM Publishing
530 Broadway, 3rd FL
Lawrence, Massachusetts 01841

Copyright © 2020 por Dr. Terika T. Smith/Terika Smith Ministries

Todos os direitos reservados. Nenhuma parte deste livro pode ser reproduzida de qualquer forma sem a permissão por escrito do editor, exceto no caso de citações curtas incorporadas em artigos ou resenhas críticas.

Todas as citações das Escrituras, a menos que indicado de outra forma, são extraídas da Bíblia Almeida Revista e Corrigida 2009 (ARC).
Usadas com permissão. Todos os direitos reservados.

Desenhado por RichWired
Foto do autor: Autor

Fabricado nos Estados Unidos da América.
Para obter informações sobre pedidos ou descontos especiais para compras em grandes quantidades, entre em contato conosco
@terika5021@gmail.com

Publicado nos Estados Unidos pela TSM Publishing
ISBN #978-0-692-46569-1
Biblioteca do Congresso #2020901653

## **GRATIDÃO**

Meus agradecimentos a todos aqueles que comigo convivem no dia a dia ministerial. Primeiramente, minha esposa Cosma, que suporta minhas ausências quando viajo para ministrar. Minhas filhas Raquel, Marcia, Alice e Ana Paula que me cobrem diariamente com as orações e os cuidados.

Aos ministros que me abriram as portas para levar este precioso tema às suas igrejas, produzindo edificação e bênçãos.

A todos eles sou grato pelo amor e companheirismo. O Senhor os recompensará.

Mas a honra e a glória pela produção deste trabalho vão somente para um: Àquele que é o único digno de receber a glória e a honra. Sem Ele nada disso teria sido possível. Dependi inteiramente dEle para escrever estas linhas. Eu O louvo todos os dias, pela ajuda aliviando meu cansaço, trazendo poderosas revelações, cercando-me de tranquilidade para escrever e, sobretudo, trazendo a indispensável inspiração para que eu chegasse até o final.

A Ti, meu amado, fiel, bondoso e generoso Senhor, meu Pai Eterno, meu Rei e meu Salvador entrego todo o louvor, adoração, glória e honra. De joelhos eu digo: Muito Obrigado.

Paulo Ventura

## **PREFÁCIO**

Nestes dias, Deus está restaurando na Igreja a Mentalidade de Reino, e aqueles que estiverem em sintonia e conseguirem assimilar no seu espírito essas conexões se moverão em tempos acelerados no Governo de Deus.

Esta Mentalidade restaurada passa pelo resgate de um dos maiores ensinamentos do Mestre Jesus Cristo para Seus apóstolos, discípulos e seguidores, ou seja, Sua Igreja: os Fundamentos do Reino.

Em Efésios 2.20 o apóstolo Paulo libera um código para a Igreja quando escreve: "Edificados sobre o fundamento dos apóstolos e dos profetas, de que Jesus Cristo é a principal pedra da esquina". A grande pergunta é, quais são estes fundamentos apostólicos e proféticos ensinados pelo Messias? Estão eles descritos nas Escrituras Sagradas ou se perderam com o tempo?

Neste livro poderoso e cheio de revelações, Paulo Ventura vai compartilhar conosco um desses ensinamentos de Jesus que mudará nossa cosmovisão em relação ao nosso estilo de vida cristã: o Fundamento da Honra.

O Fundamento da Honra vai fazer nascer uma Cultura de Honra em nós e nas gerações futuras, desfiando nossa estrutura de liderança como a conhecemos e apresentando uma visão ampliada sobre o Corpo de Cristo.

A Igreja precisa viver uma mudança radical. Reaprender estes fundamentos e vivê-los é um grande desafio. Este livro trará uma renovação na nossa mente e motivação necessária para a prática destes ensinamentos divinos.

Eu apreciei com alegria as ideias e os conceitos publicados aqui neste livro. O autor foi profundo em alguns aspectos, mostrando a riqueza do homem que decide viver na honra.

Espero que todos aqueles que tiverem o prazer de meditar nestas linhas descubram o melhor da vida espiritual, enquanto vivermos nesta Terra.

A honra é o caminho da bênção. A honra é o caminho da vitória.

Parabenizo meu amigo Paulo Ventura por esta joia que coloca em nossas mãos.

Apóstolo Lisdervan Portella

## APRESENTAÇÃO

Mais uma vez nos surpreendemos com a apresentação de um trabalho especial do apóstolo Paulo Ventura. Desta vez nos traz à luz um livro que mergulha profundamente num dos fundamentos do Reino de Deus.

O assunto é tratado de tal forma que até os mais leigos dos leitores da Bíblia entenderão o porquê de o Reino de Deus estar suportado por fundamentos eternos. Não usou nosso escritor de linguagem teológica técnica, erudita e de difícil entendimento pelos mais simples. Usou, como sempre, uma linguagem coloquial, sem baixar o nível de qualidade do vocabulário para se fazer entender de maneira fácil e agradável.

Há pontos que nos revelam que a pesquisa feita foi orientada para buscar e revelar os mais densos segredos escondidos pelos idiomas bíblicos e pela cultura tradicional judaica.

A honra é um dos fundamentos eternos que foram estabelecidos pelo Senhor antes da fundação do mundo. Lamentavelmente, muitos cristãos não se interessam pelas riquezas que a Palavra de Deus nos mostra e, por isso, mesmo sendo convertidos, e salvos, não se projetam nas maravilhas que esta Palavra contém para nossa edificação e nosso conhecimento acerca das coisas de Deus.

O escritor foi muito feliz em sua abordagem neste assunto. Não é qualquer um que se aventura em ministrar sobre temas que desafiam nosso entendimento, para compreender a forma de vida desejada e planejada pelo Eterno para cada um de nós.

Não basta ser um cristão e levar uma vida medíocre sem grandes viver a abundância da qual nos falou o Senhor Jesus, quando em um de Seus famosos sermões disse: "O Ladrão vem para matar, roubar e destruir, mas eu vim para que tenham vida e a tenham em abundância" (João 10.10).

O ladrão, ao qual Se referiu nosso Rei e Mestre, não é o diabo, como muitos apregoam por aí. Um exame mais apurado do texto original, com uma boa exegese, nos revela que o ladrão mencionado aí são os falsos mestres que deturpam a Palavra e ensinam errado aos discípulos do Senhor.

Eles são ladrões do conhecimento de Deus. Fazem os filhos de Deus viverem na ignorância, para que não tenham acesso aos tesouros que o Senhor só revela para aqueles que buscam conhecê-Lo através de Sua própria Palavra.

Um dia, o Senhor Se queixou de que Seu povo estava perecendo, isso mesmo, morrendo por falta de conhecimento. O Senhor nunca reclamou da falta de oração, da falta de louvor, da falta de jejum e outras atividades religiosas que os crentes praticam. Mas do conhecimento que é fundamental, para quem deseja crescer no entendimento das ações divinas, Ele Se queixou.

Por isso, felicitamos o apóstolo Paulo Ventura, que não se intimidou diante do desafio de nos brindar com esta publicação, que nos leva a meditar com muita seriedade e concentração sobre a prática da honra no meio do povo de Deus.

São fortes as suas reflexões. Temos certeza de que a leitura deste livro levará muitos leitores a repensarem seu modo de vida na presença do Eterno. Viver em honra é a vontade de Deus para nós.

Boa leitura a todos.

Os Editores

## ÍNDICE

**CAPÍTULO 01**.................................................. 09

**CAPÍTULO 02**.................................................. 24

**CAPÍTULO 03**.................................................. 49

**CAPÍTULO 04**.................................................. 62

**CAPÍTULO 05**.................................................. 72

**CAPÍTULO 06**.................................................. 90

**CAPÍTULO 07**.................................................. 102

**CAPÍTULO 08**.................................................. 116

## Capítulo 01

## O PRIMEIRO ADÃO

## DA HONRA PARA A DESONRA

**Introdução**

Ao criar o homem e o colocar no Jardim do Éden, o Senhor o planejou para reinar nesta Terra, dando-lhe um tratamento especial, e usando Sua própria imagem como modelo para esta criatura plantada neste novo mundo que se iniciava.

A ideia divina era projetar o Reino divino na Terra. Daí o homem gerado da própria Terra, para que assumisse todo o governo terrenal, seguindo as orientações e ordens do Reino celestial. Ele, o Senhor, estava entregando nas mãos do homem um Reino para que ele o desenvolvesse e governasse sobre este Reino.

Como o modelo do Reino era o mesmo do céu, o homem recebeu o desenho divino, de onde vieram todos os fundamentos para que este Reino fosse divino e se sustentasse nestes fundamentos eternos, dentre os quais se incluía a honra.

A honrosa missão do homem era apenas reproduzir o modelo celestial na dimensão da luz e da matéria. O que Deus queria era ver e admirar a Sua vontade expressa na Terra, através de um povo gerado pelo próprio homem, que tinha sido a Sua obra prima na criação deste novo mundo.

Ao ser criado, o homem foi laureado com virtudes inerentes ao Senhor, porque, além da imagem, queria lhe dar também a semelhança, isto é, que ficasse parecido com Ele.

*Que é o homem mortal para que te lembres dele? E o filho do homem, para que o visites?*

*Pois pouco menor o fizeste do que os anjos, e de glória e de honra o coroaste. Salmos 8.4,5*

Veja que o Senhor lhe cobriu de honra e glória, porque a missão que seria dada ao homem era um ofício nobre. A nobreza só opera em honra e glória.

Certamente, o desejo do Altíssimo não era estabelecer uma Igreja na Terra. Ele não estava preocupado ou interessado em cultos religiosos. Ele não entregou uma Igreja ao homem, Ele entregou um Reino. E o colocou como governo deste Reino.

Quando o homem foi confrontado com a tentação do pecado e cedeu, ele não perdeu a sua salvação, ele perdeu um Reino inteiro. Ficou destituído de sua aptidão de liderar um Reino. Houve uma desconexão com sua fonte divina. O líder da Terra desligou-se do Rei Supremo. Mais que isso, perdeu a glória, perdeu a honra.

**Precisamos entender o princípio para não perder o final**

No princípio, tudo começou a inauguração do Reino celestial na Terra. E o homem entrou numa incessante e cruel batalha para tentar reconquistar este Reino. Apesar dos avanços, de idas e vindas, de algumas vitórias e outro tanto de derrotas e das constantes ajudas divinas, o homem não logrou êxito.

O Senhor já tinha profetizado que a semente da mulher esmagaria a cabeça da serpente, portanto, chegaria o dia em que a semente revelar-se-ia na Terra e derrotaria o inimigo que provocou a queda no Éden.

De fato, com a manifestação do Messias, vindo em carne, assumiu o comando da retomada do Reino que o inimigo julgava que a ele pertencia e pôs as coisas em seus devidos lugares.

O último Adão, como Jesus foi nominado por Paulo, trouxe a revelação do Reino para o homem e Se apresentou como Rei.

O primeiro Adão, o natural, apesar de ser revestido de glória e de honra, com o seu pecado, perdeu a glória e abriu os portais da desonra por onde a humanidade desenfreadamente adentrou.

Adão e os primeiros membros de sua família tiveram a extasiante oportunidade de viver cem por cento o Reino. E depois experimentaram o pior do mundo vivendo a tragédia da desonra.

## O homem desconectado de Deus gera filhos desconectados

O drama de Adão foi tão devastador que criou uma dimensão que ele não conhecia e que não havia sido revelada ainda.

Entenda o fato: O Jardim do Éden não era apenas um lugar geográfico. Era uma dimensão espiritual de governo, isto é, o Éden seria o lugar de onde o homem Adão governaria o mundo, era o centro de governo. E o Éden foi planejado pelo Senhor de tal maneira que o homem, vivendo na dimensão material, poderia encontrar-se com o Senhor que vinha de uma dimensão espiritual.

O Éden era o lugar perfeito tanto para Deus, como para o homem. Por isso Adão foi coroado de glória e honra.

*Pois pouco menor o fizeste do que os anjos, e de glória e de honra o coroaste (Salmos 8.5).*

O pecado causou uma ruptura incomensurável no relacionamento entre Criador e criatura. A separação foi inevitável. Não havia como Deus, em Sua santidade, honra e glória, continuar permitindo que o homem desfrutasse de Sua gloriosa presença. Além do mais o homem perdera o governo.

A consequência mais traumática foi o homem sair de uma dimensão espiritual de governo, para viver na dimensão da matéria, experimentando a dor, o trabalho, sofrimento e principalmente conhecer a morte. A dimensão da desonra.

Na dimensão de governo Deus lhe deu as missões que deveria cumprir dentro da mentalidade de Reino. Não eram missões religiosas, eram missões de governo. Todas elas envolviam glória e honra.

*E Deus os abençoou, e Deus lhes disse:* **Frutificai e multiplicai-vos**, *e* **enchei a Terra**, *e* **sujeitai-a**; *e* **dominai** *sobre os peixes do mar e sobre as aves dos céus, e sobre todo o animal que se move sobre a terra (Gênesis 1.28).*

## 1. Frutificar

Implantação do sistema reprodutivo do ser humano. O povo que habitaria este Reino seria produto da frutificação biológica que o Senhor estabeleceu no casal. O sistema da produção da semente masculina cruzando com o complexo e maravilhoso sistema da fecundidade feminina.

O Senhor não precisaria ficar todos os dias criando homens e mulheres, Ele delegou esta honra ao homem. O poder criativo da vida. Nem os anjos receberam esta honra.

## 2. Multiplicar-se

Esta era uma honradíssima missão. Deus entregou a Adão a tarefa de multiplicar Seu caráter em todos os cidadãos da Terra. Observe bem o que Deus está lhe dizendo: Eu quero que todos os habitantes deste Reino sejam iguais a você. Multiplique o seu caráter, assim como você é a minha imagem e semelhança, passe isso para todos os habitantes deste Reino.

O que o Senhor pretendia é que ao vir à Terra visitar o Reino terreno, encontrasse milhares e milhares de "Adões" e "Evas". Todos vivendo em pureza e santidade, com glória e honra, adorando ao Eterno. Seria o Reino do céu, em profunda comunhão e identidade com o Reino da Terra.

## 3. Enchei a Terra

Nesta ordem entram três aspectos que são características de Reino: abastecer, saciar e transbordar. Um Reino não vive em escassez. O Reino provê tudo para todos. A escassez é um retrato da desonra. A desonra atrai a escassez. Enquanto houvesse uma multidão de santos, vivendo em glória e honra, o Eterno jamais deixaria faltar alguma coisa, em toda a Terra.

Quando o Senhor Se apresenta diante de Abraão e diz: *Sendo, pois, Abrão da idade de noventa e nove anos, apareceu o SENHOR a Abrão, e disse-lhe: Eu sou o Deus Todo-Poderoso[1], anda em minha presença e sê perfeito* (Gênesis 17.1).

Ele está enfatizando que o Reino de Deus é um Reino de abundância. Um Reino onde as bênçãos transbordam.

Um Deus de honra não é econômico quando se trata de suprir Seu povo. A carência não poderia andar lado a lado com a abundância.

O Deus El Shaday abastece todas as necessidades do Seu Reino, deixa todos saciados e transborda para que o que ultrapassa dê segurança aos cidadãos do Reino.

---

[1] **El Shaday – Deus Todo-Poderoso.** A palavra SHADAY se relaciona a 'campo' que fala de abundância e sustento, mas também pode ser traduzida por 'seio' expressando como a mãe cuida e protege o filho. A mãe é tudo o que o filho tem e precisa, quando está em seus braços. Assim é Deus para conosco.

Shaday tem sua raiz na palavra Shadd que significa "seios". Shaday (ou Shadday) seria aquele que tem os seios grandes. É um indicativo de que Deus seria o supridor que jamais deixaria faltar na vida de Abrão ou de qualquer outro, a abundância das bênçãos prometidas.

Veja o que aconteceu no milagre da multiplicação dos peixes e pães:

*E já o dia começava a declinar; então, chegando-se a ele os doze, disseram-lhe: Despede a multidão, para que, indo aos lugares e aldeias em redor, se agasalhem, e achem o que comer; porque aqui estamos em lugar deserto.*

*Mas ele lhes disse: Dai-lhes vós de comer. E eles disseram: Não temos senão cinco pães e dois peixes, salvo se nós próprios formos comprar comida para todo este povo.*

*Porquanto estavam ali quase cinco mil homens. Disse, então, aos seus discípulos: Fazei-os assentar, em ranchos de cinquenta em cinquenta.*

*E assim o fizeram, fazendo-os assentar a todos. E, tomando os cinco pães e os dois peixes, e olhando para o céu, abençoou-os, e partiu-os, e deu-os aos seus discípulos para os porem diante da multidão.*

*E **comeram todos**, e **saciaram-se**; e levantaram, do que lhes **sobejou, doze alcofas**[2] **de pedaços** (Lucas 9.12-17).*

Comer e saciar-se é atender a necessidade. A sobra é a honra. Um Reino sempre tem estoque. Lembre-se de José no Egito.

---

[2] Alcofas – Palavra antiga para designar cestos.

## 4. Sujeitai-a

Este verbo – **sujeitar** – neste contexto de Gênesis, nos apresenta uma dificuldade enorme. Cria-se uma confusão com o termo dominar. E alguns até creem que Deus estava repetindo a mesma ordem. Na verdade, não é bem assim. O Senhor estava dando duas ordens distintas.

Primeiro vamos abordar a ordem de sujeitar a Terra, depois, no próximo item, veremos o que é dominar.

Quando o Senhor determina ao homem sujeitar a Terra, Ele está lhe dando um direito que deve ser exercido com honra.

Nós vamos encontrar o verbo sujeitar em quase toda a Bíblia. Ele varia o seu significado em cada contexto, porém o seu sentido não varia. Ou seja, sujeitar pode ter um aspecto positivo e um aspecto negativo. Explico: O homem pode sujeitar tudo que lhe é atraente, útil e necessário, como também pode sujeitar aquilo que lhe é nocivo, negativo e que produz inimizade.

Coloquemos com palavras mais simples: Você sujeitar os amigos, como pode sujeitar os inimigos.

Quando o homem sujeita os amigos, ele o faz baseado na honra. Quando sujeita os inimigos ele executa sua sujeição baseado na autoridade.

## A sujeição da mulher

*E à mulher disse: Multiplicarei grandemente a tua dor, e a tua conceição; com dor darás à luz filhos; e o teu desejo será para o teu marido, e ele te dominará (Gênesis 3.16).*

Antes do pecado, a mulher não era sujeita ao marido, era uma ajudadora, estava no mesmo nível. Com o pecado, o homem recebe a incumbência de sujeitá-la. Todavia, ela não era uma inimiga do homem, continuava a seu lado, como companheira e esposa. Mas agora estava sujeita às ordens do seu marido.

Note, entretanto, que o homem não era o **"dono"** ou o **"senhor"** da mulher, por isso, apesar da sujeição o homem teria que cuidar, proteger, amar e honrar essa que agora era sujeita a ele. E mesmo o desejo dela sendo para o homem, isto não a coloca como escrava, cuja desobediência resultaria em castigos físicos. Se o homem quisesse relacionar-se carnalmente com ela, para ter seus momentos de prazer, teria que fazê-lo através de uma conquista movida à honra.

Teria que lhe dar carinho, se quisesse os seus carinhos. Nós encontramos o verbo sujeitar nos textos que falam de sujeitar por amor ou sujeitar o inimigo através da autoridade. Isto é, colocar o inimigo debaixo de nossa vontade e autoridade, usando a força e o constrangimento.

O sentido da palavra sujeitar é fazer com que as coisas ou pessoas sob nossa sujeição nos sirvam segundo o nosso interesse.

Quando o Senhor ordenou que o homem sujeitasse a Terra, Ele a indicou como uma fonte de bênção através de alimentos, de água e até das belezas naturais proporcionando bem-estar ao homem. Mas, uma vez que ela seria sujeita ao homem, este teria que lhe proporcionar algo para que ela lhe desse a contrapartida.

Por isso o homem teria que cultivar, cuidar, plantar, conservar, proteger, enfim uma dedicação permanente para que ela também fosse uma fonte permanente a fim de atender as necessidades humanas.

Se o homem honrasse a natureza, seria, com certeza, honrado por ela.

Quando, tristemente, assistimos ao homem degradando a natureza, sujando os rios e oceanos, poluindo o ar e explorando o solo e os mares sem sustentabilidade, vemos, com pesar, o que ele recebe de volta: doenças mortais, florestas virando desertos, rios secando e milhões de seres humanos e até animais passando fome, em várias partes do planeta.

O homem desonra o planeta que Deus lhe deu. O planeta desonra o homem que nele habita. É o princípio da lei que estabelece honra-honra, desonra-desonra.

Este processo de sujeição divina é o mesmo que se aplica aos maridos em relação às esposas, aos filhos. Também se processa na relação do empregador com os empregados, em relação do pastor com as ovelhas.

Se aplica ainda na relação com os bens materiais. Se você, o homem, tem uma propriedade rural e não lhe dá a devida atenção, o devido cuidado, ela se recusará a lhe dar o melhor da Terra.

Uma terra mal cuidada, ou não cuidada, o mato cresce, o lixo acumula, os insetos se proliferam, aparecem os animais peçonhentos, os poços entopem, a água estraga, os animais adoecem, os frutos apodrecem e ela já não será mais bênção na vida do proprietário. Ele a sujeitou, mas não cuidou.

A sujeição, do ponto de vista divino, é uma atitude de honra.

Pastores que olham para o rebanho que lhes foi entregue por Deus para cuidar e só veem este rebanho como uma fonte financeira, para atender suas necessidades e não cuidam com honra do rebanho de Deus, são pastores predestinados ao fracasso.

**A sujeição do cristão ao Senhor**

*Sujeitai-vos, pois, a Deus, resisti ao diabo, e ele fugirá de vós* (Tiago 4.7). A sujeição ao Senhor te provê de autoridade sobre o diabo.

### Sujeição da esposa ao esposo

*Vós, mulheres, sujeitai-vos a vossos maridos, como ao Senhor* (Efésios 5.22)

A sujeição ao esposo faz com que ela seja amada e protegida por ele.

### Sujeição às autoridades

*Sujeitai-vos, pois, a toda a ordenação humana por amor do Senhor; quer ao rei, como superior* (1 Pedro 2.13)

*Vós, servos, sujeitai-vos com todo o temor aos senhores, não somente aos bons e humanos, mas também aos maus (1 Pedro 2.18).*

Sujeição às autoridades provê o homem da sua segurança jurídica, social e garantias de seus direitos.

### Sujeição ao pastor

*Obedecei a vossos pastores, e sujeitai-vos a eles; porque velam por vossas almas, como aqueles que hão de dar conta delas; para que o façam com alegria e não gemendo, porque isso não vos seria útil* (Hebreus 13.17)

Sujeição ao pastor é obedecer a Deus e saber que há alguém indicado por Ele para zelar pela sua alma.

Você encontra, na Palavra de Deus, milhares de textos falando sobre sujeição. E aqui nem estamos abordando a sujeição que fazemos com os nossos inimigos ou com aquilo que nos é prejudicial. Nossa abordagem neste livro está focada apenas na sujeição praticada com honra. E não a praticada do ponto de vista da autoridade.

No dicionário divino sujeitar significa prover para ser provido.

## 5. Dominai

A ordem de dominar dada ao homem foi bem específica da parte do Senhor.

Assim como sujeitar, esta palavra também tem significados diferentes indicando que pode ser usada pelo lado positivo, ou seja o homem tem que dominar aquilo que Deus determinou para ser dominado. Este é o lado correto e positivo.

Dominar aquilo que Deus nunca mandou o homem dominar é um erro gravíssimo.

Os dicionários de língua portuguesa põem esta palavra no sentido de exercer autoridade ou poder sobre algo ou alguém.

E há ainda a aplicação desta palavra com sentido neutro. Estamos falando do idioma português. Por exemplo, o jogador de futebol "domina" a bola. Deus não lhe mandou fazer isso, mas também não lhe proibiu de fazer. Neste caso, a palavra dominar tem o sentido de habilidade e não de autoridade.

Quando Deus falou com o casal para dominar, Ele usou a palavra hebraica "radah". Quando escrita no idioma hebraico esta palavra está no plural, indicando que Deus falou com o homem e a mulher quando estavam juntos. Neste contexto, o sentido literal desta palavra é: Governar, dominar e exercer controle absoluto.

A ordem divina foi sabiamente detalhada para o casal. Adão e Eva deveriam dominar sobre os peixes no mar, sobre as aves do céu e sobre todo animal que se movimenta sobre a Terra

*E Deus os abençoou, e Deus lhes disse: Frutificai e multiplicai-vos, e enchei a terra, e sujeitai-a; e dominai sobre os peixes do mar e sobre as aves dos céus, e sobre todo o animal que se move sobre a terra* (Gênesis 1.28).

Observe que não foi permitido ao homem dominar sobre outro homem. Quando o homem, por força das circunstâncias, profissionais, sociais ou familiares, precisa liderar ou mandar em outro homem, a palavra adequada e dita pelo Senhor foi sujeitar, segundo as orientações que vimos no texto anterior que trata do relacionamento humano através da sujeição.

Portanto, o que nós entendemos por dominar, significa exercer o controle total sobre o dominado. De acordo com a ordem divina, o homem teria que exercer controle sobre os habitantes do mar, sobre as aves que voam pelos céus e sobre os animais que habitam em terra seca.

Esses seres viventes veriam o homem como aquele que está sobre eles e consegue, com a inteligência e sabedoria, dominar sobre eles. Isso gera temor nos animais dominados.

É interessante vermos esse domínio quando Noé consegue chamar, ordenar e juntar num ambiente único, como a Arca, todos os animais que, normalmente, não convivem juntos.

Eles atenderam à ordem de Noé, porque ele era o dominador. O controlador da fauna que o rodeava.

Quando terminou o dilúvio e Noé e sua família puderam abandonar a Arca, receberam do Senhor a mesma ordem que havia sido dada a Adão.

*E abençoou Deus a Noé e a seus filhos, e disse-lhes: Frutificai e multiplicai-vos e enchei a Terra.*

*E o temor de vós e o pavor de vós virão sobre todo o animal da terra, e sobre toda a ave dos céus; tudo o que se move sobre a terra, e todos os peixes do mar, nas vossas mãos são entregues.*

*Tudo quanto se move, que é vivente, será para vosso mantimento; tudo vos tenho dado como a erva verde* (Gênesis 9.1-3).

Frutificar, multiplicar, encher a Terra e os animais continuariam temendo ao homem, que era o dominador.

O domínio continuava sendo a honra de governo que o homem havia recebido no Éden e dava seguimento agora com Noé e sua família.

Veremos, mais à frente, na vida de Noé, que a semelhança de Adão e Eva, a desonra também atingiu Noé e sua família.

Dominar, ou controlar a Terra, não era uma autorização especial para destruir a Terra. Controlar, neste caso, era sinônimo de preservar, mantê-la saudável, produtiva e bela. O Reino dado ao homem tinha que estar implantado numa Terra que expressasse realeza e não miséria.

**O Primeiro Adão perdeu esta oportunidade**

O primeiro Adão recebeu tudo: posição, governo, glória, honra, vida eterna, comunhão perfeita com o Criador e um lindo planeta para reinar.

O pecado o desconectou do Criador, e ele desceu de uma posição de máxima honra para uma vergonhosa vida de desonra.

Na Criação há um princípio: Tudo se alimenta da fonte de onde é gerada.

Se você arranca uma planta da Terra, você corta sua conexão com a raiz que é a fonte e que a mantém com vida. Se você tira um peixe de dentro d'água, ele morrerá, porque se desconectou de sua fonte, que é a água.

Deus nos criou e soprou em nós o ruah[3] que é o espírito que dá vida. Com Seu sopro, Ele nos deu vida e Se tornou nossa fonte de vida. O pecado rompeu esta conexão separando o homem de sua fonte original.

O homem se desconectou de sua fonte de honra. Saiu do Éden para uma Terra onde sua vida seria dura. Perdeu as benesses que a honra nos proporciona.

Criado um pouco menor que Deus e coroado de glória e de honra, o homem, com seu erro, desceu de sua honrosa posição de governo para uma desonrosa posição de pecador afastado de Deus.

Seria necessário a poderosa e sábia intervenção divina, providenciando um outro Adão que fizesse o caminho ao contrário.

Um Adão que nos levasse de volta da desonra à posição honrosa que, por decreto divino, e por amor do Pai Eterno, nos pertence.

E Ele enviou o outro Adão.

---

[3] Ruah – Ruah é vocábulo hebraico cujo significado é "vento, sopro de vida, espírito, alento de vida", entre outros. Este termo em grego é "pneuma".

## CAPÍTULO 02

## JESUS CRISTO – O ÚLTIMO ADÃO

## DA DESONRA PARA A HONRA

A primeira profecia encontrada na Bíblia é o próprio Senhor profetizando para o casal transgressor, anunciando que a semente da mulher feriria a cabeça da serpente.

*E porei inimizade entre ti e a mulher, e entre a tua semente e a sua semente; esta te ferirá a cabeça, e tu lhe ferirás o calcanhar* (Gênesis 3.15).

E, de fato, cerca de quatro mil anos depois Jesus Cristo, como a legítima semente da mulher vem à Terra e inicia o processo de restaurar aquilo que se havia perdido.

*Porque o Filho do homem veio buscar e salvar o que se havia perdido* (Lucas 19.10).

O evangelista Lucas define de forma peculiar que Ele, Jesus, veio buscar e salvar **o que se havia perdido**, e não **quem se havia perdido**.

O que se perdera no pecado foi o Reino e não o homem. O homem foi levado para uma outra dimensão terrena, mas continuou sendo a obra da Criação do Senhor. Estava sem a honra, mas ainda pertencia ao Senhor.

No capítulo anterior, mencionamos que o primeiro Adão saiu da posição de honra para uma situação de desonra. Jesus Cristo, o último Adão, deixou sua posição de honra junto ao Pai, para vir à

Terra e fazer o caminho inverso, ou seja, começar na posição de desonra para levar o homem à dimensão da honra e recolocá-lo novamente na posição anterior.

*De sorte que haja em vós o mesmo sentimento que houve também em Cristo Jesus, Que, sendo em forma de Deus, não teve por usurpação ser igual a Deus,*

*Mas esvaziou-se a si mesmo, tomando a forma de servo, fazendo-se semelhante aos homens; E, achado na forma de homem, humilhou-se a si mesmo, sendo obediente até à morte, e morte de cruz.*

*Por isso, também Deus o exaltou soberanamente, e lhe deu um nome que é sobre todo o nome; Para que ao nome de Jesus se dobre todo o joelho dos que estão nos céus, e na terra, e debaixo da Terra, E toda a língua confesse que Jesus Cristo é o Senhor, para glória de Deus Pai (Filipenses 2.5-11).*

Este processo de autoesvaziamento é conhecido como a doutrina da **kenosis**[4], que nos mostra Cristo abrindo mão de algumas prerrogativas e atributos para viver entre nós.

---

[4] Kenosis - A palavra grega "kenosis" indica uma ação de autoesvaziamento. Isto quer dizer que Cristo, Ele mesmo, Se esvaziou ou abriu mão de alguns atributos, para viver entre os homens. É preciso entender que Cristo, na terra não deixou de ser Deus. Ele apenas optou por não usar de todos os Seus atributos, para não ficar em vantagem em relação aos homens, onde viveria por algum tempo. Ou seja, Ele teve que atuar no mesmo "nível" dos pecadores, mas sem pecar. Ele teve que ser "semelhante" ao homem.

Observe que, no Éden, o homem foi criado à semelhança de Deus, agora, quando Cristo veio ocorreu o inverso: Deus Se fez semelhante ao homem.

*Mas esvaziou-se a si mesmo, tomando a forma de servo, fazendo-se **semelhante aos homens**. (Filipenses 2.5).*

**O objetivo do Cristo era restaurar o Reino**

Quando Cristo veio à Terra Seu objetivo não era somente salvar o homem dos seus pecados, mas, principalmente, retomar o governo do Reino que Deus entregou a Adão; ao primeiro Adão.

O diabo, mentiroso como sempre, ofereceu os reinos do mundo a Jesus Cristo, como se fossem dele, mas o Senhor o rechaçou:

*E o diabo, levando-o a um alto monte, mostrou-lhe num momento de tempo todos os reinos do mundo.*

*E disse-lhe o diabo: Dar-te-ei a ti todo este poder e a sua glória;* ***porque a mim me foi entregue, e dou-o a quem quero.***

*Portanto, se tu me adorares, tudo será teu.*

*E Jesus, respondendo, disse-lhe: Vai-te para trás de mim, Satanás; porque está escrito: Adorarás o Senhor teu Deus, e só a ele servirás* (Lucas 4.5-8).

O diabo havia enganado a Adão e Eva, mas agora Jesus vem não para negociar com o inimigo, mas para tomar dele, aquilo que de fato nunca lhe pertenceu. O Reino foi entregue ao primeiro Adão, e ele o perdeu com o pecado, mas agora o último Adão, vence o diabo e retoma o Seu Reino. E tomando-o leva o homem de volta para dentro do Seu Reino.

Neste contexto, é bom observar que, quando Cristo veio ao mundo, Ele não veio meramente como um Salvador dos homens; Ele veio como Rei.

E, em função de Suas atividades, Ele não veio à Terra como um Salvador que depois virou Rei. Ele veio como Rei que salvou o Seu povo.

Nosso entendimento é que Ele não é somente um Salvador. Ele é um Rei-Salvador do Seu Reino e do Seu povo.

Então, Cristo veio reconquistar o Reino perdido e dá-lo de novo ao homem, no poder de Seu Nome. O homem, na sua origem, é capaz de multiplicar, encher, frutificar, dominar e sujeitar.

## 1. Ele nasceu como Rei

Mesmo tendo, por força das circunstâncias, nascido em uma manjedoura, Ele veio a este mundo com o objetivo de retomar o Reino e mostrar quem de fato e de direito era o Rei deste Reino.

O diabo sabia que Ele viria e intentou matá-Lo de todas as formas para que Ele jamais chegasse à cruz. Para nossa alegria, felizmente o diabo não tinha o conhecimento nem a revelação onde Ele apareceria e viveria. O diabo só teve a oportunidade de conhece-Lo quando Ele já era adulto e foi batizado no Rio Jordão por João Batista.

Há, porém, um aspecto muito interessante ocorrido na infância de Jesus Cristo.

Embora não se tenha a certeza da idade do menino Jesus, em Sua primeira infância, Ele recebeu a visita de um grupo de magos[5] vindos do oriente. Mesmo um pouco divergentes, os escritores situam essa idade dele por volta dos dois anos de idade.

Há controvérsias também sobre o número destes magos e suas origens. Alguns dizem que eram reis, outros afirmam que eram astrólogos, outros chegam até a garantir que eram feiticeiros. A teologia católica romana dá até números e nomes, declarando que eram três e se chamavam Melquior, Baltazar e Gaspar.

Há também a tradição judaica que tem uma versão para esta visita. Talvez essa alternativa judaica seja mais plausível para nós.

Segundo esta tradição estes magos eram sábios, conheciam a astrologia e seus antepassados tiveram contato com o profeta Daniel, na Babilônia, onde aprenderam a lidar com os astros e a profecia.

---

[5] **Os Magos** - Somente o evangelista Mateus relata a história destes magos. Não se sabe porque os outros evangelistas não a mencionaram.
Mateus não declara quantos eram, nem diz de onde vieram e nem se eram reis ou não. Aliás, esta informação de que eram reis só surgiu por volta do século III.
Os nomes atuais de Gaspar, Melchior e Baltazar foi-lhes atribuído no século IX pelo historiador Agnello, em sua obra 'Pontificalis Ecclesiae Ravennatis'.
. Os Reis Magos "receberam nomes, com algumas variações (os primeiros foram Bithisarea, Melchior e Gathaspa)". Esses nomes são hebreus.
Nesta mesma ocasião e neste mesmo contexto, eles são indicados como originários da Pérsia (Melquior), da Arábia (Baltazar) e da Índia (Gaspar).
No idioma hebraico, estes nomes têm os seguintes significados: Melchior – Rei da Luz. Gathaspa: O Branco. Bithisarea: O Senhor dos tesouros.

Quando Daniel foi colocado como mestre dos sábios da Babilônia, ele ministrava e recebia muitas ofertas pelos seus ensinos. Essas ofertas eram ouro, prata e algumas coisas de valor. Eram primícias que lhes davam seus discípulos.

Daniel guardava suas ofertas, porque sendo cativo na Babilônia nem teria como gastar tudo o que recebia.

Ele profetizou sobre a vinda do Messias e tinha a revelação sobre ele. Ele confiou as riquezas que tinha aos discípulos que o sucederiam e orientou para que passassem de geração em geração até chegar à geração de sábios que teria o encontro com Jesus.

E ele pediu que a oferta que estava entregando a eles deveria ser entregue ao menino Rei, enviado da parte de Deus para os Judeus.

Assim foi feito. Quando os magos vieram a Jerusalém trouxeram o ouro, o incenso e a mirra que eram ofertas de honra para serem entregues ao Rei.

A primeira oferta que Jesus Cristo recebeu na Terra foi uma oferta de honra de um dos mais sábios profetas do Antigo Testamento.

**Ouro**

O ouro era o reconhecimento de nações não judaicas que Aquele seria o Rei, não somente dos judeus, mas também de todas as nações que se curvassem diante dEle. Ou seja, os reis da Terra se submetem ao Rei dos reis.

Lembre-se de que aqueles reis eram da Pérsia, Arábia e Índia e, provavelmente, de outras nações não citadas na tradição.

Esta oferta desatou e revelou para os homens que aquele Rei que estava chegando era também um Profeta. Fato confirmado no batismo de Jesus, quando foi batizado por outro profeta, João Batista, que confessou publicamente que Jesus era maior do que ele.

Por isso Jesus, o último Adão, quando chegou à Terra, chegou como Rei.

**Incenso**

O incenso era uma espécie de resina leitosa extraído de uma árvore cuja terminologia botânica a batiza de *Boswellia Sacra*[6] (ou Boswellia Carter) e é popularmente conhecida como Olibanum, Árvore incenso, Incenso de Olibanum e Árvore do Líbano.

O incenso era usado somente pelo Sumo Sacerdote e significava a oração que subia perante o Senhor.

*E, havendo tomado o livro, os quatro animais e os vinte e quatro anciãos prostraram-se diante do Cordeiro, tendo todos eles harpas e salvas de ouro cheias de incenso, que são as orações dos santos* (Apocalipse 5.8).

---

[6] Boswellia Sacra - Vulgarmente conhecida como árvore incenso ou incenso de igreja olíbano; é a arvore primária no gênero boswellia a partir da qual uma resina de seiva seca é colhida e utilizada para diversos fins. A espécie é nativa da península arábica (omã. Lêmen), e do nordeste da áfrica (somália).

Uma pequena árvore, que em seu habitat natural, geralmente cresce em desfiladeiros, encostas íngremes, rochosas e florestas áridas, em altitudes que podem variar desde o nível do mar - 1.200 metros. Fonte: http://www.thjardins.com.br

Há, porém, uma rigorosa advertência no incenso determinada pelo Senhor aos sacerdotes. O incenso oferecido ao Senhor só poderia ser usado para adoração a Ele. E a preparação deste incenso também obedecia às Suas orientações. Não poderia ser feito diferente. Veja a composição:

*Disse mais o Senhor a Moisés: Toma especiarias aromáticas, estoraque, e onicha, e gálbano;[7] estas especiarias aromáticas e o incenso puro, em igual proporção; E disto farás incenso, um perfume segundo a arte do perfumista, temperado, puro e santo; E uma parte dele moerás, e porás diante do testemunho, na tenda da congregação, onde eu virei a ti; coisa santíssima vos será.*

*Porém o incenso que fareis conforme essa composição, não o fareis para vós mesmos; santo será para o Senhor* (Êxodo 30.34-37)

---

[7] A ESTORAQUE - (Hb. Gotas-pingos) Arbusto de origem asiática, que produz uma resina aromática, Sem Corte, mas de forma ESPONTÂNEA, como se fosse pingos ou gotas.

A ONICA - (Profunda) Molusco Marinho de águas PROFUNDAS, que tem em suas conchas, membranas fibrosas odoríferas, que, quando queimadas, exalam um aroma suave e duradouro.

O GÁLBANO - (Quebrantamento) Planta sempre verde, com canais oleíferos, de onde se extrai um perfume medicinal e aromático, quando cortado ou ralado.

Fonte: http://bibliaempauta.blogspot.com

O Senhor determinou juízo para quem fizesse tal composição para si e não para Ele. Uma vez que somente o sumo sacerdote poderia usá-lo e somente para adoração ao Senhor.

*O homem que fizer tal como este para cheirar, será extirpado do seu povo* (Êxodo 30.38).

Portanto, quando os magos ofereceram incenso a Jesus Cristo estavam reconhecendo-O como Sumo Sacerdote. Ou seja, Era o Rei e agora o Sumo Sacerdote e Único mediador entre Deus e os homens.

Além da honra que estavam Lhe imputando, estavam também reconhecendo-O no mundo profético.

**Mirra**

A mirra foi o presente mais emblemático dos três. Enquanto o ouro O reconhecia como Rei e o incenso como Sumo Sacerdote, a mirra era o ato profético que falava de Sua morte e ressurreição.

Mirra significa amargo e era proveniente das regiões do Norte da África, produzida por uma árvore espinhosa que chegava até 5 metros de altura. A mirra, assim como o incenso, também servia como bálsamo para curar feridas e funcionava como anti-inflamatório. Era usada também na composição de perfumes.

Entretanto, o seu uso mais importante era no embalsamamento praticado no Egito e em outras nações do Oriente. As pessoas eram embalsamadas quando morriam porque se acreditava na sua ressurreição, daí a preocupação de conservar o corpo para o advento da volta à vida.

Quando deram Mirra como presente a Jesus, estavam revelando o Seu destino profético de morrer para o mundo e ressuscitar para a vida eterna.

Imagine alguém que acabou de chegar a esta vida e já recebe a informação de sua morte. Foi isso que os magos fizeram com Ele. A parte boa da história profética de Jesus é que o presente recebido mostrava também a ressurreição.

*E foi também Nicodemos (aquele que anteriormente se dirigira de noite a Jesus), levando quase cem arráteis de um composto de mirra e aloés.*

*Tomaram, pois, o corpo de Jesus e o envolveram em lençóis com as especiarias, como os judeus costumam fazer, na preparação para o sepulcro* (João 19.39,40).

## 2. Durante o Seu ministério comportou-Se como Rei

Quando Seu ministério foi ativado por Sua mãe, nas bodas em Caná da Galileia, Seu comportamento de "filho do carpinteiro" mudou, e Ele passou a vivenciar um comportamento que surpreendeu a todos. Ele agora estava debaixo da orientação divina para cumprir o que Lhe fora ordenado e passou a usar uma linguagem de Rei e um comportamento de Rei, como veremos a seguir em algumas passagens do Novo Testamento.

**Nas Bodas, em Caná da Galileia.**

Os dois primeiros capítulos do Evangelho de João nos dão uma visão admirável da mudança de comportamento de Jesus ao chegar o dia de Sua ativação como o Messias. E Sua postura de Rei.

**1. A – João Batista revelou Sua identidade real, sacerdotal e profética.**

*Este é aquele do qual eu disse: Após mim vem um homem que é antes de mim, porque foi primeiro do que eu. E eu não o conhecia; mas, para que ele fosse manifestado a Israel, vim eu, por isso, batizando com água.*

*E João testificou, dizendo: Eu vi o Espírito descer do céu como pomba, e repousar sobre ele.*

*E eu não o conhecia, mas o que me mandou a batizar com água, esse me disse: Sobre aquele que vires descer o Espírito, e sobre ele repousar, esse é o que batiza com o Espírito Santo.*

*E eu vi, e tenho testificado que este é o Filho de Deus* (João 1.30-34)

**1.B – A revelação de João Batista gerou, por si só, discípulos para o Messias**

*No dia seguinte, João estava outra vez ali, e dois dos seus discípulos; e, vendo passar a Jesus, disse: Eis aqui o Cordeiro de Deus.*
*E os dois discípulos ouviram-no dizer isto, e seguiram a Jesus. E Jesus, voltando-se e vendo que eles o seguiam, disse-lhes: Que*

*buscais? E eles disseram: Rabi (que, traduzido, quer dizer Mestre), onde moras?*

*Ele lhes disse: Vinde, e vede. Foram, e viram onde morava, e ficaram com ele aquele dia; e era já quase a hora décima. Era André, irmão de Simão Pedro, um dos dois que ouviram aquilo de João, e o haviam seguido.*

*Este achou primeiro a seu irmão Simão, e disse-lhe: Achamos o Messias (que traduzido é o Cristo)* (João 1.35-41).

A unção do Messias, ativada pela revelação de João Batista, começa a atrair os futuros apóstolos para junto do Rei. A honra atrai seguidores para se unirem ao Rei.

A unção anda junto com a honra. A honra nunca se afasta da unção.

**1.C – O Rei, sem pedir opinião a eles, começa a determinar mudanças na vida dos discípulos, mesmo antes de discipulá-los.**

*E levou-o a Jesus. E, olhando Jesus para ele, disse: Tu és Simão, filho de Jonas; tu serás chamado Cefas (que quer dizer Pedro)* (João 1.42).

**Mudou o nome de Pedro, E Pedro nem perguntou o porquê.**

Imagine Pedro chegando em casa e sua mulher perguntando: Por onde andavas, Simão? E ele responde: Mulher a partir de hoje já não me chamo Simão, meu nome agora é Pedro.

E ela contrapõe: Mas que ideia foi essa de mudar de nome? E Pedro informa: Não fui eu não, foi Jesus. Ele me olhou, me identificou e imediatamente mudou meu nome. Fiquei constrangido de questioná-Lo; afinal de contas, Ele é o Rei. Pelo que eu entendi, minha vida agora vai mudar.

*No dia seguinte quis Jesus ir à Galileia, e achou a Filipe, e disse-lhe: Segue-me* (João 1.43).

**Ordenou a Filipe que O seguisse, E Filipe nem questionou: Por que devo seguir-Te? Ninguém questiona ao Rei; Ao Rei se obedece**

E Filipe era de Betsaida, cidade de André e de Pedro. Filipe achou Natanael, e disse-lhe: Havemos achado aquele de quem *Moisés escreveu na lei, e os profetas: Jesus de Nazaré, filho de José. Disse-lhe Natanael: Pode vir alguma coisa boa de Nazaré? Disse-lhe Filipe: Vem, e vê.*

*Jesus viu Natanael vir ter com ele, e disse dele: Eis aqui um verdadeiro israelita, em quem não há dolo.*

*Disse-lhe Natanael: De onde me conheces tu? Jesus respondeu, e disse-lhe: Antes que Filipe te chamasse, te vi eu, estando tu debaixo da figueira*[8] (João 1.44-48).

---

[8] Debaixo da Figueira. Quando Cristo nasceu, Herodes era governador da Judeia e, ao receber a notícia do nascimento do Messias, mandou matar todas as crianças de 2 anos para baixo. Então, se considerarmos que Natanael tivesse a mesma idade de Jesus, isso o leva ao cenário destas matanças realizadas por Herodes, segundo relatos históricos essa é a história de Natanael.

Quando começaram os assassinatos, a mãe de Natanael temeu que o seu filho fosse morto pelos soldados, e, então, ela escondeu o bebê debaixo de uma figueira específica, e enquanto

**Ganhou Natanael com uma contundente e admirável revelação que só era do conhecimento dele e de sua mãe.**

Em Israel há um certo misticismo em torno de algumas árvores, como a figueira, a oliveira, a videira, a tamareira etc.

Segundo a tradição rabínica a figueira seria a árvore do conhecimento, sob a qual os judeus costumavam sentar-se para aproveitar sua sombra e meditar na lei e nos profetas.

Com esta revelação, Cristo sabendo da inteligência de Natanael lhe entregou a seguinte mensagem: Sei onde você estava e de onde vem, agora você vai caminhar e viver comigo, e Eu vou te levar para a eternidade.

Debaixo da figueira você foi protegido da morte física, mas não escaparia da morte espiritual.

Mas, andando comigo você vai ficar protegido do poder da morte. E pela minha morte Eu te darei a vida eterna.

---

ele estava lá, sua mãe orava a Deus pedindo proteção e que aquela criança vivesse para ver o Messias.

Em todas as buscas dos soldados, o menino estava envolto em folhas da figueira. Quando Natanael completou 15 anos de idade, sua mãe lhe contou como lhe escondera, e somente ele e sua mãe sabiam desta história. Então, quando ele pergunta a Jesus de onde Ele o conhecia e Jesus revela seu maior segredo ao dizer que o viu debaixo da figueira, Natanael se vê diante dAquele ao qual sua mãe orou para que pudesse conhecer.

Fonte: teologar.com.br. Pr Daniel Cochoni

Os discípulos perceberam que estavam realmente diante do Rei, que sabia o passado, o presente e o futuro. E que determinava os fatos conforme a Sua vontade.

Veja como Natanael O reconheceu como Rei:

*Natanael respondeu, e disse-lhe: Rabi, tu és o Filho de Deus; tu és o Rei de Israel* (João 1.49).

**1.D – O confronto com Sua mãe, em Caná da Galileia.**

*E, ao terceiro dia, fizeram-se umas bodas em Caná da Galileia; e estava ali a mãe de Jesus. E foi também convidado Jesus e os seus discípulos para as bodas.*

*E, faltando vinho, a mãe de Jesus lhe disse: Não tem vinho.*

*Disse-lhe Jesus: Mulher, que tenho eu contigo? Ainda não é chegada a minha hora* (João 2.1-4).

Maria falou com Jesus de forma contundente e inequívoca que o vinho havia acabado. Era o fim do vinho velho e o começo do vinho novo. Era o início do ministério do Cristo.

A resposta dEle indica que percebeu o que Maria estava Lhe revelando e, prontamente, a confrontou, não como o filho querido e amado, mas como o Rei que agora estava imbuído de sua missão e sabia que dali para a frente Maria, Sua mãe amada, não poderia mais dizer-Lhe o que fazer.

Em outras palavras, Ele quis dizer: Eu sei que Sou o vinho novo, mas ainda não chegou a hora de Me apresentar fazendo milagres a qualquer momento. Ou seja, milagres agora só para a glória e a honra dAquele que me enviou. Estou aqui para fazer a vontade dEle e de mais ninguém.

Maria percebeu que a partir daquele momento, já não era Jesus, seu filho, agora Ele era o Cristo, o Messias. O Salvador que a salvaria de seus pecados. O Rei que a governaria e a protegeria.

Maria encerrou sua missão. Cristo começou a dEle.

### 1.E – Enfrentou fisicamente os mascates que mercadejavam no pátio do Templo

*E estava próxima a páscoa dos judeus, e Jesus subiu a Jerusalém.*
*E achou no templo os que vendiam bois, e ovelhas, e pombos, e os cambiadores assentados.*

*E tendo feito um azorrague de cordéis, lançou todos fora do templo, também os bois e ovelhas; e espalhou o dinheiro dos cambiadores, e derribou as mesas; E disse aos que vendiam pombos: Tirai daqui estes, e não façais da casa de meu Pai casa de venda* (João 2.13-16).

Quem é que tem coragem para enfrentar um Rei irado? Corajoso, forte e destemido como convém a um Rei. Enfrentou a todos e nem pediu ajuda aos discípulos. Rei é Rei.

### 1.F – Os Judeus tentaram confrontá-Lo, e Ele os enfrentou. E irado, como estava, foi ainda mais contundente

*Responderam, pois, os judeus, e disseram-lhe: Que sinal nos mostras para fazeres isto? Jesus respondeu, e disse-lhes: Derribai este templo, e em três dias o levantarei.*

*Disseram, pois, os judeus: Em quarenta e seis anos foi edificado este templo, e tu o levantarás em três dias?*

*Mas ele falava do templo do seu corpo* (João 2.18-21).

Estava Se revelando maior que o Templo que eles idolatravam. Ele estava dizendo: Este é o Templo, mas Eu Sou o Rei.

**1.G – Decidiu Se hospedar na casa de Zaqueu, mesmo sem convite**

*E, tendo Jesus entrado em Jericó, ia passando. E eis que havia ali um homem chamado Zaqueu; e era este um chefe dos publicanos, e era rico.*

*E procurava ver quem era Jesus, e não podia, por causa da multidão, pois era de pequena estatura.*

*E, correndo adiante, subiu a uma figueira brava para o ver; porque havia de passar por ali.*

*E quando Jesus chegou àquele lugar, olhando para cima, viu-o e disse-lhe: Zaqueu, desce depressa, porque hoje me convém pousar em tua casa* (Lucas 19.1-5).

Rei não precisa de convite. Ele decide onde quer ficar e ninguém O contraria.

Imagine Zaqueu chegando em casa ofegante e dizendo para a mulher: "Querida prepara as coisas rapidamente porque Jesus vai Se hospedar aqui hoje".

E a mulher retruca: "Como assim? De repente? Sem avisar? Quem O convidou?"

Zaqueu continua: "Ninguém O convidou. Ele olhou para mim e disse: "Hoje Eu vou Me hospedar em tua casa. E ainda me mandou descer depressa do sicômoro; e tem mais: Ele está trazendo mais 12 discípulos com Ele".

A casa de Zaqueu não era dele. A casa de Zaqueu era do Rei Jesus.

Jesus Se comportava, por onde passava, como um Rei. Autoridade de Rei. Postura de Rei. E falava como Rei.

### 1.H – Requisitou um jumento de um cidadão judeu

*E, dito isto, ia caminhando adiante, subindo para Jerusalém. E aconteceu que, chegando perto de Betfagé, e de Betânia, ao monte chamado das Oliveiras, mandou dois dos seus discípulos, dizendo: Ide à aldeia que está defronte, e aí, ao entrar, achareis preso um jumentinho em que nenhum homem ainda montou; soltai-o e trazei-o.*

*E, se alguém vos perguntar: Por que o soltais? Assim lhe direis: Porque o Senhor precisa dele.*

*E, indo os que haviam sido mandados, acharam como lhes dissera.*

*E, quando soltaram o jumentinho, seus donos lhes disseram: Por que soltais o jumentinho?*

*E eles responderam: O Senhor precisa dele.*

*E trouxeram-no a Jesus; e, lançando sobre o jumentinho as suas vestes, puseram Jesus em cima.*

*E, indo ele, estendiam no caminho as suas vestes* (Lucas 19.28-36)

Assim como a casa de Zaqueu, o jumentinho não era do cidadão judeu, era do Rei Jesus.

**1.J – Entrou em Jerusalém Se apresentando como Rei, ignorando toda e qualquer autoridade judaica ou romana**

*E, indo ele, estendiam no caminho as suas vestes. E, quando já chegava perto da descida do Monte das Oliveiras, toda a multidão dos discípulos, regozijando-se, começou a dar louvores a Deus em alta voz, por todas as maravilhas que tinham visto,*

*Dizendo: Bendito o Rei que vem em nome do Senhor; paz no céu, e glória nas alturas* (Lucas 19.36-38).

Entrou como Rei em Sua cidade sendo amado, adorado e aclamado pelo povo. Foi um momento de alegria e felicidade no ministério dEle.

A casa de Zaqueu, o jumentinho do judeu e a cidade de Jerusalém sempre pertenceram a Ele. Os homens é que nunca se deram conta disso.

Assim como hoje, teu carro, tua casa, teu emprego, teu dinheiro, tua família, tua saúde e até mesmo você pertencem a Ele.

Ele é o Rei. Ele é soberano. Ele manda. Ele reina, e dEle emana em nosso favor a honra.

E nós dizemos, a Ele toda glória, honra e louvor!

Se você continuar lendo sua Bíblia, encontrará muitos outros textos onde verá o comportamento de Jesus como Rei. Seja na requisição do Cenáculo para a última Ceia. Seja no confronto com os rabinos e mesmo com as autoridades romanas, principalmente com Pôncio Pilatos.

Diante de Pilatos Jesus Se declara Rei e identifica o seu Reino:

*Tornou, pois, a entrar Pilatos na audiência, e chamou a Jesus, e disse-lhe: Tu és o Rei dos Judeus?*

*Respondeu-lhe Jesus: Tu dizes isso de ti mesmo, ou disseram-to outros de mim?*

*Pilatos respondeu: Porventura sou eu judeu? A tua nação e os principais dos sacerdotes entregaram-te a mim. Que fizeste?*

*Respondeu Jesus: O meu reino não é deste mundo; se o meu reino fosse deste mundo, pelejariam os meus servos, para que eu não fosse entregue aos judeus; mas agora o meu reino não é daqui.*

*Disse-lhe, pois, Pilatos: Logo tu és rei? JESUS RESPONDEU: TU DIZES QUE EU SOU REI. EU PARA ISSO NASCI, E PARA ISSO VIM AO MUNDO, A FIM DE DAR TESTEMUNHO DA VERDADE. TODO AQUELE QUE É DA VERDADE OUVE A MINHA VOZ* (João 18.33-37).

Nasceu como Rei e viveu como Rei.

## 3. Morreu como Rei

Em Sua morte, Pôncio Pilatos, levado pelas circunstâncias, manda escrever uma frase na cruz sobre a Sua cabeça, na cruz: "Jesus Nazareno, Rei dos Judeus". Sem saber, Pilatos estava escrevendo um título profético, porque escreveu em três idiomas: Hebraico, latim e grego. Aquele judeu nazareno não era apenas o Rei dos Judeus, era o Rei de toda a Terra. De Todas as nações. O Rei Eterno.

Os líderes religiosos ainda tentaram modificar, mas Pilatos foi firme e não permitiu que ninguém mudasse nada: "O que escrevi, escrevi". Afirmou Pilatos (João 19.22)

Como morto recebeu as honrarias de um sepultamento digno de um Rei. O tratamento mortuário: Lençóis limpos, uma sepultura que nunca havia sido usada.

Jesus nasceu de uma virgem, entrou em Jerusalém num jumento virgem que nunca havia sido montado e foi sepultado numa sepultura virgem que nunca havia sido usada.

Todas essas coisas eram primícias para o Rei que chegara à Terra em substituição ao primeiro Adão.

Jesus nasceu como Rei, viveu como Rei e morreu como Rei.

## 4. Jesus ressuscitou como Rei

Quando surgiu já ressuscitado, Jesus estava com a aparência diferente. Talvez isso tenha dificultado a identificação pelas mulheres que foram ao sepulcro, a ponto de confundi-Lo com o jardineiro.

Não havia ferimentos, sangue ou qualquer indicação que aquele homem ressuscitado tivesse sido o mesmo que três dias antes havia sido sepultado.

Imagem nova e roupas novas. Aquelas roupas são um dos mistérios da Bíblia. Com aquela roupa Jesus subiu para o céu. Se aquela roupas poderiam sair da Terra e entrar na dimensão celestial, elas só poderiam ter vindo de lá.

Ao ressuscitar como Rei, recebeu a adoração das mulheres:

*Indo elas a dar as novas aos seus discípulos, eis que Jesus lhes sai ao encontro, dizendo: Eu vos saúdo. E ELAS, CHEGANDO, ABRAÇARAM OS SEUS PÉS, E O ADORARAM* (Mateus 28.9).

Na ressurreição Ele revive com plenos poderes:

*E, chegando-se Jesus, falou-lhes, dizendo: É-me dado todo o poder no céu e na terra* (Mateus 28.18).

Ao regressar ao lar celestial, o Rei Jesus voltou investido de todo o poder e autoridade que são a manifestação do caráter de um Rei e Seu Reino.

Nasceu como Rei, viveu como Rei, morreu como Rei e ressuscitou como Rei.

## 5. Jesus entrou no céu como Rei

Ele foi recebido no céu como Rei. Os anjos não têm onisciência, que é um dos atributos exclusivos do Senhor, por isso havia uma expectativa do Seu regresso. Os anjos queriam saber como fora a Sua vida na Terra. Por isso, quando O viram, O adoraram e cantaram. Veja o salmo 24[9]:

*Levantai, ó portas, as vossas cabeças; levantai-vos, ó entradas eternas, e entrará o Rei da Glória.*

*Quem é este Rei da Glória? O Senhor forte e poderoso, o Senhor poderoso na guerra.*

*Levantai, ó portas, as vossas cabeças, levantai-vos, ó entradas eternas, e entrará o Rei da Glória.*

*Quem é este Rei da Glória? O Senhor dos Exércitos, ele é o Rei da Glória* (Salmos 24.7-10).

Jesus nasceu como Rei, viveu como Rei, morreu como Rei, ressuscitou como Rei e foi recebido no céu como Rei.

---

[9] Salmo 24 - Embora a Teologia indique que Davi escreveu este salmo mostrando a entrada do Rei em Jerusalém, há uma corrente teológica que interpreta que Davi, na primeira parte do salmo - do versículo 1 ao 6, - estava se referindo à obra de Cristo na Terra e mostrando a realeza do Messias. E que a segunda parte - do versículo 7 ao 10 - seria o viés profético de Cristo voltando ao céu e sendo recebido pelos anjos.

Quando vemos a expressão entradas eternas, ou portais eternos, dependendo da versão, ela se refere ao terceiro céu. Para nós, neste livro, seja na terra, seja no céu Ele é o Rei. Afinal foi Ele quem disse: Todo o poder me foi dado no céu e na terra.

## 6. Jesus voltará à Terra oura vez. Virá como Rei

A Bíblia confirma Suas declarações que voltaria à Terra. E nós cremos nisso. Mas em que condições Ele voltará?

O apóstolo João nos revela no Livro do Apocalipse:

*E vi o céu aberto, e eis um cavalo branco; e o que estava assentado sobre ele chama-se Fiel e Verdadeiro; e julga e peleja com justiça.*

*E os seus olhos eram como chama de fogo; e sobre a sua cabeça havia muitos diademas; e tinha um nome escrito, que ninguém sabia senão ele mesmo.*

*E estava vestido de veste tingida em sangue; e o nome pelo qual se chama é A Palavra de Deus.*

*E seguiam-no os exércitos no céu em cavalos brancos, e vestidos de linho fino, branco e puro.*

*E da sua boca saía uma aguda espada, para ferir com ela as nações; e ele as regerá com vara de ferro; e ele mesmo é o que pisa o lagar do vinho do furor e da ira do Deus Todo-Poderoso. E no manto e na sua coxa tem escrito este nome: Rei dos reis, e Senhor dos senhores* (Apocalipse 19.11-16).

Quando entrou em Jerusalém montando um jumentinho, entrou como um Rei de paz, mas agora Ele vem montado num cavalo branco. Os reis se utilizavam de cavalos quando iam para as batalhas.

Ele agora não chega como um Rei de paz, mas como um Rei que vem subjugar todos os reinos do mundo e implantar em definitivo Seu Reino na Terra, derrotando todos os inimigos que durante séculos ousaram desafiá-Lo e tentar destruir Seu Reino na Terra.

Suas vestes estão salpicadas de sangue, Seus olhos como chama de fogo. A Palavra vai funcionar como uma espada poderosa destruindo todo pensamento e todo sofisma que se formou na mente das pessoas por séculos e séculos.

Ele vem para vencer. Maranata!

Ele nasceu como Rei, viveu como Rei, morreu como Rei, ressuscitou como Rei, foi recebido no céu como Rei e voltará a esta Terra como Rei dos reis e Senhor dos senhores.

••••••••••••••••••••••••••••••••••••••••••••••••••••••••••••••••

Espero que, ao comparar estes dois capítulos – o primeiro e o segundo –, o leitor possa discernir com muita propriedade a diferença entre o primeiro e o Último Adão.

Enquanto o primeiro foi corado de glória e de honra ao ser criado e colocado na Terra para governá-la, o Segundo chegou em desonra e foi conquistando a honra perdida e restaurou a multidão que se perdeu com o pecado do primeiro Adão.

A honra voltou, mas agora, ao contrário da situação no Jardim do Éden, que o homem a recebeu como dádiva, o homem precisa conquistá-la.

O homem precisa reaprender a viver em honra, só assim sua vida será digna de adorar e viver na presença de Deus. Os cristãos hoje persistem numa visão meramente religiosa nas relações com o Senhor. Esta visão religiosa é equivocada.

A religião vive de dogmas e regras. O Reino de Deus se baseia em fundamentos eternos e princípios de vida para nosso relacionamento horizontal – uns com os outros – e nosso relacionamento vertical – nós e o Senhor.

Como ser espiritual, o homem tem a faculdade na Terra de operar como Deus, de ser como Deus. E é isso que Deus quer de cada um de nós.

Mas como operar desta maneira, se não aprendermos a lei do Senhor. Como servir a um Rei se não conhecermos a vontade deste Rei? Como receber honra se nós não honrarmos ao Senhor e aos nossos irmãos?

O homem não pode ter acesso na condição de desonra, guiado por seus instintos, por seu conhecimento, a um cenário onde somente pelo Espírito, ele pode compreender as funções reais. Deus quer retomar o cenário do Éden para o homem, onde ele tinha intimidade, relacionamento; não havia medo e estava debaixo de glória e da honra.

Então, o propósito de Jesus, o Último Adão, foi recuperar a imagem e semelhança, e o âmbito de governo do homem. Quando Deus restaura as coisas, sempre faz o melhor, Ele acrescenta, soma.

Reino é domínio, por isso, a Igreja precisa que o Reino de Deus seja aplicado e vivido, para que possa se manifestar e representar.

Jesus veio com esse propósito, qual Sua mensagem, Seu ministério. Ele tinha uma missão de Reino e Jesus disse que o nascer de novo tinha a ver com a capacidade de entrar e de ver a vida do Reino.

Então, o homem recebe a conexão de vida novamente, Jesus sopra sobre os discípulos depois que ressuscitou, e diz que é um Espírito vivificante, com Adão era alma vivente.

Para poder retomar seu ambiente e governo. Deus não tinha um problema de culto, mas sim de governo. Deus não precisa de cultos, louvores, precisa de adoradores, foi o que disse a samaritana.

**Porque aquele que sabe reinar, sabe adorar**

Queremos dar culto, cânticos, que se referem a nossa dor, pois o nosso culto ainda está relacionado com aquilo que Deus tem que fazer ao nosso favor.

Precisamos pensar bem, para cantar bem. Temos que ter mentalidade de Reino, como Davi. Enquanto a Igreja cultivar a mentalidade de sacerdote, de culto de Igreja, **vai se ver como ovelha**.

Mas quando pensar como rei, se verá como filho, herdeiros

*"Digo, pois, que, durante o tempo em que o herdeiro é menor, em nada difere de escravo, posto que é ele senhor de tudo. Mas*

*está sob tutores e curadores até ao tempo predeterminado pelo pai. Assim, também nós, quando éramos menores, estávamos servilmente sujeitos aos rudimentos do mundo; vindo, porém, a plenitude do tempo, Deus enviou seu Filho, nascido de mulher, nascido sob a lei, para resgatar os que estavam sob a lei, a fim de que recebêssemos a adoção de filhos. E, porque vós sois filhos, enviou Deus ao nosso coração o Espírito de seu Filho, que clama: Aba, Pai! De sorte que já não és escravo, porém filho; e, sendo filho, também herdeiro por Deus* (Gálatas 4.1-7).

A honra é um dos fundamentos eternos. Ela vem desde a criação do Reino Eterno do nosso Deus.

Vivamos em honra e seremos honrados. Se viver na desonra, será desonrado.

A escolha sempre será nossa.

## CAPÍTULO 03

### NÃO EXISTE REINO SEM HONRA

*"Honrai a todos. Amai aos irmãos. Temei a Deus. Honrai ao rei"* (1 Pedro 2.17).

### 1. A HONRA É VIRTUDE INSEPARÁVEL DA VIDA DO CRISTÃO

A honra jamais deve ser relegada a segundo plano na vida daqueles que dizem seguir a Cristo. Os seguidores do Messias andam em honra. Se não caminham em honra, sua vida espiritual não tem a qualidade que deveria ter, e por isso, seu testemunho está negativamente comprometido. Sem valor. Sem honra.

Na Bíblia, a honra é um dos fundamentos do Reino de Deus. Não existe na Terra, alguém que tente se relacionar com o Eterno, se não for através do caminho da honra.

Quando se vai à presença do Rei – convocado ou convidado –, o primeiro contato é sempre o momento da honra.

*Três vezes no ano todo o homem entre ti aparecerá perante o Senhor teu Deus, no lugar que escolher, na festa dos pães ázimos, e na festa das semanas, e na festa dos tabernáculos;* **porém não aparecerá vazio perante o Senhor** (Deuteronômio 16.16).

*Tudo o que abre a madre meu é, até todo o teu gado, que seja macho, e que abre a madre de vacas e de ovelhas;*

*O burro, porém, que abrir a madre, resgatarás com um cordeiro; mas, se o não resgatares, cortar-lhe-ás a cabeça; todo o primogênito de teus filhos resgatarás.* **E ninguém aparecerá vazio**

***diante de mim*** (Êxodo 34.19,20).

## 2. A HONRA PARA DEUS INDICA O SENTIDO DE ADORAÇÃO

Ou seja, ao comparecer perante o Senhor de sua vida, não apareça apenas para fazer suas petições naturais, mas chegue sempre com o intuito – ainda que vá pedir alguma coisa –, de adorá-lo. E não existe adoração sem oferta. Não existe a adoração de mãos vazias ou coração vazio. Honra é uma entrega.

A honra é a consequência da totalidade de todas as virtudes, é o comportamento de forma moral e cumprir o eticamente correto tanto com o próximo quanto consigo mesmo em todo o seu caminhar cristão.

Quando o cidadão do Reino de Deus se comporta com honra, ele é reconhecido por todos com quem se relaciona. Seja na esfera religiosa, profissional ou familiar. A honra o identifica como sendo uma pessoa justa, bondosa, honesta, ética e respeitadora dos seus semelhantes. Sem nenhum viés de preconceito ou distinção contra os seus iguais.

Nosso padrão é o próprio Senhor Jesus Cristo, quando visitou a Terra em forma humana e nos ensinou com Palavra e com exemplos o verdadeiro sentido da honra. Nenhum ser nesta Terra pode alegar ignorância acerca da honra, quando o exemplo de Cristo é público e notório, e foi deixado como herança para todos aqueles que desejam viver em honra.

Não foram poucas as vezes em que Jesus Se referiu ao Pai sempre numa atitude de honra. Nunca se viu nEle qualquer gesto de desobediência. Jamais saiu de Sua boca qualquer palavra ou frase de murmuração. Em momento algum Se queixou da sorte ou das lutas e privações que teve nesta Terra. Nem quando foi barbaramente espancado pelos inimigos que O prenderam e O torturaram.

A Bíblia nos diz que Ele foi obediente até a morte. E morte de cruz. Jesus Cristo é o exemplo perfeito de como devemos viver e ensinar nossos filhos como devem proceder.

*"A si mesmo se humilhou, tornando-se obediente até à morte e morte de cruz"* (Filipenses 2.8).

Quando observamos as Palavras, as atitudes e a sabedoria de Jesus, todos nós ficamos perturbados. Jesus sabia tratar das pessoas com uma simples Palavra. Até mesmo quando era injustiçado, ensinava a não se pagar o mal com o mal, mas com o bem e com o perdão. Era o homem das segundas, terceiras e milhares de chances para um recomeço. Até o dia de hoje nenhuma de Suas Palavras caiu por terra. Ele mesmo disse:

*"Passará o céu e a terra, porém as minhas palavras não passarão"* (Mateus 24.35).

As palavras que saem da boca de um homem de honra são palavras preciosas e poderosas. Elas têm forte peso na vida espiritual.

## 3. A HONRA E A DESONRA VIVEM DENTRO DO HOMEM

Todos os homens nascidos nesta Terra sempre trarão dentro de si a semente da honra e a semente da desonra. Ele é programado por Deus para viver na honra durante toda a sua vida. Mas, quando resolve trocar o destino divino pela programação humana, que é baseada no sistema pecaminoso, ele passa a desfrutar da desgraça de uma vida desonrada.

Todos podem viver com honra sendo fracos ou fortes, tendo dinheiro ou não, sendo cultos ou incultos. A posição social não é argumento sólido para explicar uma vida desonrada.

Deus sempre prefere trabalhar com os homens de honra, porque Ele é um Deus de honra. Tendo colocado a honra como um dos fundamentos, todos precisam se estabelecer neste alicerce. Quando Ele busca alguém no mundo, Ele opera o processo de mudança total para que o desonrado buscado seja transformado num posicionado honrado, para que cumpra o seu destino profético.

Uma das histórias mais marcantes do início da humanidade é o evento emblemático ocorrido entre Abel e Caim, que vamos explicar num dos capítulos mais à frente, neste livro.

Ali veremos o embate entre a honra e a desonra que começou com aqueles dois jovens e perdura até hoje e, com certeza, irá durar até que Cristo volte a esta Terra, para o estabelecimento final do Seu Reino neste mundo.

É claro que além da religião existem muitas pessoas que escolheram viver uma vida honrada. E, por vezes, são escolhidas por Deus justamente porque já vivem em estado de honra em suas vidas e apresentam condições ideais para o propósito de Deus em seus projetos.

## 4. O EXEMPLO DE JOSÉ

Vemos um exemplo notório na Bíblia, quando Deus preparou

um casal para receber em seu lar o Messias que viria mudar a história da humanidade. Era um casal honrado.

José e Maria representam, no início do Novo Testamento, um exemplo de pessoas cujo caráter é a prova contundente de sua fortaleza ética.

Vejamos algumas virtudes que são um forte indicativo que revelam José como um homem de honra, perante a sociedade em que vivia.

### 1. Integridade moral

A tradição judaica e logo depois a noção cristã mostram este homem como sendo um padrão de integridade em seu tempo. Não há registros ou apontamentos em sua biografia, que o qualifiquem como um homem devasso ou irresponsável.

O homem que desfruta de integridade moral tem o domínio próprio e vive a plenitude da liberdade interior

*Ora, o nascimento de Jesus Cristo foi assim: Que estando Maria, sua mãe, desposada com José, antes de se ajuntarem, achou-se ter concebido do Espírito Santo.*

*Então José, seu marido, como era justo, e a não queria infamar, intentou deixá-la secretamente* (Mateus 1.18,19).

Sendo um homem integro jamais sairia difamando aquela com quem já estava comprometido para se casar.

Há um dito popular que diz: Quem tem vergonha não envergonha ninguém.

O pensamento rabínico afirma: A tua honra é mais cara que o

teu dinheiro.

## 2. Excelente reputação

José era marceneiro[10], que era uma profissão especializada naquela época e que produzia ganhos significativos. Isto lhe colocava na condição de ter uma situação econômica estável e viver bem, como sendo uma pessoa de classe média naquela ocasião.

E ele era um profissional tão famoso que as pessoas o chamavam de o carpinteiro. Era muito fácil encontrá-lo porque todos o conheciam pelo seu talento profissional e por sua reputação.

Quando José morreu, Jesus deveria ter entre 14 e 15 anos de idade. Por isso Jesus teve que assumir a oficina do pai para dar sustento à Sua família. Sendo Ele o primogênito essa responsabilidade era dEle.

Quando Jesus assumiu Seu ministério e começou a pregar, aconteceu um fato interessante: Entre Suas idas e vindas, Ele chegou um dia em Nazaré e foi ministrar na sinagoga. Quando ministrava, impressionou os ouvintes de tal maneira que ficaram todos

---

[10] Embora algumas versões da Bíblia o chamem de carpinteiro, na verdade o seu trabalho era de um profissional especializado, ou seja, ele era um artista na arte da madeira. Ele era um marceneiro. Os carpinteiros, como ainda hoje ocorre, fazem um trabalho mais bruto com a madeira, mas o marceneiro, produz peças especiais e desenhadas com qualquer tipo de madeira. É um trabalho mais técnico e engenhoso.

Já a carpintaria costuma trabalhar essencialmente com madeira maciça e em seu estado natural, muito comum na construção civil e naval.

De qualquer forma, a marcenaria é uma profissão oriunda da carpintaria. A carpintaria é uma das profissões mais antigas da humanidade.

maravilhados. Todavia, logo apareceram também os críticos, e veja como o identificaram:

*E, chegando à sua pátria, ensinava-os na sinagoga deles, de sorte que se maravilhavam, e diziam: De onde veio a este a sabedoria, e estas maravilhas?*

*Não é este o filho do carpinteiro? E não se chama sua mãe Maria, e seus irmãos Tiago, e José, e Simão, e Judas?* (Mateus 1354,55).

Ora, José havia morrido há pelo menos 15 anos, mas a sua reputação permaneceu após sua morte, porque o homem morre, mas a honra permanece viva. E por isso Jesus foi identificado como o "...Filho do Carpinteiro..."

José era um homem honrado.

## 3. Dedicado ao trabalho

No mesmo versículo que identifica Jesus como "o Filho do carpinteiro" pode-se notar que a profissão de José lhe deu uma identidade de ofício. Quem é identificado pelo seu ofício é porque trabalha com dedicação e amor. Um mau profissional nunca é identificado assim. Pelo contrário, um profissional sem honra de ofício recebe apelidos pejorativos se não exercita sua capacidade com denodado esforço e amor pelo que faz.

Dedicação é característica própria de quem tem honra.

## 4. Pai protetor

Antes da chegada de Jesus ao Seu lar, provavelmente José não tivesse entendido bem a dimensão da causa que Deus estava entregando em suas mãos.

Mas os fatos e os fenômenos ocorridos durante o nascimento de Jesus fizeram com que ele entendesse a revelação que o anjo havia lhe contado em sonho.

E, por isso, José sabia que tinha que ser um pai a desdobrar-se de forma eficaz, vigilante e protetora com Aquele menino. Ou seja, a partir da chegada da criança, ele teria que mostrar todas as virtudes da paternidade que Deus deu ao homem, para criar seus filhos.

E paternidade, no sentido mais amplo da palavra, só é exercida por aqueles que sabem que ser pai não é um acaso. É um ministério familiar. E este ministério para ser exercido só pode e deve ser aplicado baseado na honra. Os pais honram os filhos. Os filhos honram os pais.

O esforço de José foi tão grande que muitas vezes teve que deixar sua profissão em segundo plano, para cuidar do Filho que não era dele, mas que estava sob seus cuidados. Foi assim, abandonando a oficina de marcenaria, para fugir para o Egito, quando Herodes queria matar o Menino.

*E, tendo eles se retirado, eis que o anjo do Senhor apareceu a José num sonho, dizendo: Levanta-te, e toma o menino e sua mãe, e foge para o Egito, e demora-te lá até que eu te diga; porque Herodes há de procurar o menino para o matar* (Mateus 2.13).

José se dedicou ao Menino. Honrou a Deus cumprindo

fielmente sua tarefa.

### 5. Fidelidade total

A gravidez de Maria não estava em seus planos. Principalmente porque não estava relacionada a ele. Mas, quando o anjo lhe trouxe a informação que o acalmou, ele, calado, assumiu a situação e nunca abriu sua boca para fazer qualquer comentário que desabonasse a conduta de Maria.

Para ele foi uma grande prova, mas os homens de honra sempre passam nas grandes provas.

Neste episódio, José foi fiel a Deus, fiel à sua esposa e fiel à sua própria dignidade.

O homem de honra sempre sai fortalecido quando Deus lhe faz passar por grandes provas.

### 6. Nobreza nos momentos críticos

Você sabe o que é uma atitude de nobreza? Já viu algum homem de desonra ter atitudes nobres?

Um episódio ocorrido com Jesus quando estava em Jerusalém para a Páscoa e para fazer o bar-mitzvá[11]

---

[11] É a maioridade religiosa, 13 anos para os meninos e 12 anos para as meninas; é a ocasião de comemorações que marcam esta evolução tão importante na vida do adolescente.

Aos 13 anos, o menino judeu é considerado um adulto responsável por seus atos, do ponto de vista judaico. Bar Mitzvá significa, literalmente, "filho do mandamento". A criança de 13 anos passa a ter as mesmas obrigações religiosas dos adultos, tornando-se responsável pelos seus atos e transgressões. Hoje existe um ritual, que é uma festa muito bonita, mas nos tempos de Jesus o bar-mitzvá era feito com a entrevista onde os rabinos designados interrogavam o

Quando Se separou de Sua família, Ele foi encontrado depois de três dias no templo assentado discutindo com os rabinos doutores da lei.

Quando Seus pais chegaram ao local, José deveria ter interpelado Jesus pela ausência, visto que essa tarefa de repreensão cabia ao pai, mas foi Maria que chamou a atenção de Jesus não se importando por estar no Templo ou na presença dos rabinos, nem esperando que José se manifestasse.

Neste momento, a atitude de José foi de uma nobreza sem par, porque não se aborreceu por sua esposa tomar a frente naquela repreensão, e nem se sentiu humilhado ou desrespeitado, porque ele sabia que Aquele Menino tinha uma ligação especial com sua mãe, que talvez ele não entendesse perfeitamente, mas sabia que o Menino exigia dela uma atenção especial e ela participava da criação dEle de uma forma que não se aplicava aos outros filhos.

Ele, José, entendeu isso. Foi gentil com sua esposa. Teve uma atitude de honra.

### 7. Generosidade e uma boa dose de altruísmo

Embora generosidade possa vez ou outra ser confundida com

---

menino acerca da Torah. Por isso Jesus foi encontrado pelos seus pais exatamente no local onde discutia com os doutores da lei, deixando-os impressionados pela sua sabedoria.

O fato de Jesus contar apenas com 12 anos não O impediu de Se dirigir ao Templo para assumir Sua maioridade religiosa, visto que, com essa idade Jesus teve a Sua primeira revelação sobre a Sua identidade profética, ou seja, com 12 anos Ele tomou conhecimento de que era o Messias. Isto é comprovado pela resposta que deu aos Seus Pais, quando mostraram preocupação com Ele: **E Ele lhes disse: "Por que é que me procuráveis? Não sabeis que me convém tratar dos negócios de meu Pai?" (Lucas 2.49).**

nobreza, ela vai um pouco além, porque demanda gestos de atitude para se manifestar.

Ao notar a gravidez de sua prometida esposa, o primeiro pensamento de José foi acreditar que estivesse sendo traído. Um homem traído numa relação matrimonial sabe que o primeiro aspecto da relação a ser destruído em sua vida é a honra.

Quando um homem passa por uma situação extrema como esta, se ele não vive em honra, mas está mais habituado a desonra, o passo inicial é desmoralizar a pessoa que cometeu a traição. E, às vezes, a desonra dele é lavada com a desonra da outra pessoa.

A pessoa de honra, que tem nobreza, precisa mostrar generosidade para vencer tamanha agressão à sua honra. E José se mostrou generoso ao planejar sair da relação sem apontar ou insinuar qualquer informação negativa sobre sua jovem esposa.

Iria embora calado. O nome disso é generosidade. Esta generosidade é fruto de justiça. Veja que o texto de Mateus o chama de justo:

*Então José, seu marido, como era justo, e a não queria infamar, intentou deixá-la secretamente* (Mateus 1.19).

Veja que maravilha: Nobre, justo, generoso. Quem não quer ter um caráter assim?

Jose sabia que com sua atitude estava protegendo a integridade física[12] de sua esposa e do neném que estava em sua barriga.

---

[12] As leis judaicas naquele tempo autorizavam o apedrejamento da mulher apanhada numa atitude de adultério. Se José não tivesse tomado a atitude generosa que tomou e a tivesse denunciado, Maria poderia morrer e a criança também.

Ele não foi egoísta pensando em sua reputação. Ele tinha um coração perdoador, que é próprio em homens e mulheres de honra. E homens que perdoam e pagam o mal com o bem são os verdadeiros gigantes da fé dentro do Reino de Deus.

E sua generosidade não parou por aí. Ela foi aplicada também na criação do Menino, por que ele aceitou renunciar a muitas coisas na sua profissão e na sua oficina, para ajudar sua bem-aventurada esposa a cuidar do Menino que seria o Salvador do mundo; inclusive dele também.

### 8. Obediente

Ao contrário de outros personagens da Bíblia, como Sara que riu quando ouviu que seu marido seria pai, ou como Zacarias, o velho sacerdote que duvidou quando o anjo lhe disse que seria pai, José ouviu a mensagem e sabia quem estava lhe falando e não duvidou em momento algum.

Pelo contrário, entendeu que aquelas orientações eram uma palavra direta do Senhor e aceitou que a partir daquele momento teria que desenvolver suas aptidões de um servo obediente e temente a Deus.

Assumiu toda a carga emocional e espiritual por ter sido escolhido para uma tarefa que a maioria dos homens, se soubesse, teria se oferecido para estar em seu lugar.

O ministério de José foi o ministério da paternidade. Ele não precisava evangelizar toda a região de Nazaré, nem sair pelo mundo pregando as Boas Novas. Só precisava ser o pai fiel que cuidaria do Filho de Deus e dos outros filhos biológicos que seriam o fruto do seu amor com sua doce Maria.

Sua obediência mostrou como um servo temente e honrado, vivendo o propósito estabelecido por Deus, pode fazer a diferença na sociedade. E José executou sua tarefa com tal eficiência que proporcionou a Jesus o ambiente especial na família para que Ele crescesse e vivesse o melhor de Sua vida. Veja o que Lucas nos informa:

*E crescia Jesus em sabedoria, e em estatura, e em graça para com Deus e os homens* (Lucas 2.52).

Jesus foi formado numa família de honra. E ninguém pode negar os méritos de José naquilo que Deus lhe confiou. Deus confia nos homens de honra.

### 9. Respeitabilidade

Eu poderia usar aqui a mesma palavra que Mateus usa para qualificar o caráter de José, o justo, mas preferi colocar respeitabilidade, porque todo justo adquire o respeito de seus pares, e, por isso, todos o tratam com reverência.

*Então José, seu marido, como era justo, e a não queria infamar, intentou deixá-la secretamente* (Mateus 1.19).

Na Bíblia, a palavra justo tem uma abrangência peculiar, porque o justo sempre é relacionado ao cumprimento, respeito e obediência à Lei Maior, que é a Torah. Mas além da prática religiosa, enquadra também o homem em suas obrigações civis, jurídicas e familiares. Ou seja, não basta apenas ser um religioso e não honrar seus compromissos com o governo e com as pessoas com as quais mantém relações de negócios. Além, é claro, de seus intransferíveis compromissos com a família.

O comportamento de José perante a sociedade lhe credenciou como o homem justo. E isso não era ele que dizia de si mesmo, mas a sociedade que o cercava que acrescentou este adjetivo ao seu nome, a ponto de Mateus, quando escreveu seu evangelho, lembrar-se de registrar este traço do caráter.

Era um homem justo. Era um homem respeitável. Era um homem de honra.

## 5. A HONRA É UM DOS FUNDAMENTOS DO REINO

Nós encontraremos na Bíblia desde o Livro de Gênesis até o Apocalipse incontáveis episódios relatando a manifestação da honra. E não poderia ser diferente porque em todo o relato da Palavra de Deus, o Reino é mencionado e apresentado ao homem em diversificadas situações. Cada vez que o Reino é mencionado, sua forma e suas características são mostradas de tal maneira que é indiscutível a sua eternidade. Ou seja, o Reino de Deus é eterno. No conceito bíblico, tudo que é eterno é porque não teve começo nem terá fim. E o Reino é sustentado pelos seus fundamentos que também são eternos.

O Reino de Deus não é estático, ele se move. Ao se mover, os fundamentos têm que dar a estabilidade necessária para que o Reino permaneça, apesar de todas as circunstâncias adversas. E esta estabilidade é manifestada pelos filhos de Deus que são os cidadãos deste Reino.

Esta manifestação não se processa através de filhos desonrados, mas sim nos filhos de honra. E não se preocupe se um dia você viveu na desonra e foi resgatado por Cristo. Quando Ele te resgatou, segundo a soteriologia[13], Ele o transportou da potestade das trevas[14] para o Reino do Filho[15] do Seu amor.

*O qual nos tirou da potestade das trevas, e nos transportou para o reino do Filho do seu amor* (Colossenses 1.13).

Quando você foi introduzido no Reino do Seu Filho, você passou a ser um cidadão de honra. Suas atitudes e comportamento agora são manifestações de honra que glorificam e exaltam o nome do Senhor.

---

[13] Soteriologia. A soteriologia é o estudo da salvação humana. A palavra é formada a partir de dois termos gregos σωτήρ [Soterios], que significa "salvação" e λόγος [logos], que significa "palavra", ou "princípio". ... O tema da soteriologia é a área da Teologia Sistemática que trata da doutrina da salvação humana.

[14] Potestade das trevas é o império da desonra.

[15] Reino do Filho do seu amor. Reino da honra.

# CAPÍTULO 04

## O PRINCÍPIO DA HONRA NO REINO DE DEUS

Temos ministrado em nossos seminários nas Igrejas sobre autoridade, justiça e outras virtudes determinantes para o bom funcionamento do Reino de Deus. Todas estas virtudes são originadas no Senhor e, obrigatoriamente, tem que se manifestar nos Filhos do Reino. Se você não manifesta no seu viver diário, em relação ao Senhor e em relação ao seu semelhante, estas virtudes, algo errado está acontecendo com você, e é necessário rever sua postura e corrigi-la imediatamente, para que você continue usufruindo das bênçãos celestiais.

A honra faz parte do conjunto de virtudes, mandamentos e leis que formam as colunas fundamentais estabelecidas pelo Eterno para implantar o Seu Reino entre os homens.

A honra é um dos fundamentos do Reino de Deus que se destaca, porque sua visibilidade é notada pelos que estão dentro do Reino e pelos que estão fora.

Os que estão dentro do Reino a admiram e a exaltam, mas os que estão fora são os que exigem a nossa postura em relação à honradez que deve fazer parte do caráter cristão.

Até Jesus Cristo foi cobrado e criticado pelos inimigos do Reino pela Sua postura corajosa, honrada e amorosa para com as pessoas necessitadas.

Alguns disseram que Ele atuava sob a autoridade de demônios, não respeitando Sua postura e a Sua Pessoa.

*Mas alguns deles diziam: Ele expulsa os demônios por Belzebu, príncipe dos demônios* (Lucas 11.15).

*Mas os fariseus, ouvindo isto, diziam: Este não expulsa os demônios senão por Belzebu, príncipe dos demônios* (Mateus 12.24).

*E os escribas, que tinham descido de Jerusalém, diziam: Tem Belzebu, e pelo príncipe dos demônios expulsa os demônios* (Marcos 3.22).

Veja que são grupos diferentes, com a mesma acusação: Primeiro, gente do povo, depois os fariseus e logo em seguida os escribas.

Os inimigos que vivem na desonra se unem para combater os cidadãos da honra. Isto vem desde o princípio da humanidade, quando um irmão matou o outro, porque se sentiu magoado quando seu irmão foi honrado e ele desonrado por ter um coração mal orientado.

Nos fundamentos do Reino, a honra vem logo após o fundamento da unidade.

**QUAL O SIGNIFICADO DESTA PALAVRA?**

Se tomarmos por base os dicionários da língua portuguesa, encontraremos uma definição extensa e curiosamente ligada a uma enorme variedade de ações humanas e direcionando o seu uso na sustentação das relações entres os homens, moldando o caráter da sociedade.

Você verá, nas definições abaixo retiradas dos dicionários da língua portuguesa, que o ser humano vive situações de honra desde quando nasce até a morte. E a honra permanece viva após a morte do homem honrado.

A honra nunca morre. Ela vive para sempre.

## 1. Dicionário português - DICIO[16]

**Significado de honra**

### Substantivo feminino.

Princípio de conduta de quem é virtuoso, corajoso, honesto; cujas qualidades são consideradas virtuosas.

O sentimento próprio dessa pessoa: manteve a honra como presidente.

Posição de destaque: diretor de honra.

Ação de adorar ou cultuar uma divindade ou santo; adoração: celebração em honra de Deus.

Característica daquela que é pura ou casta; castidade.

Comportamento que denota consideração: a honra de uma dança.

### Substantivo feminino plural

Respeito por pessoas que merecem destaque; homenagem: o professor é digno de todas as honras.

### Expressão

---

[16] www.dicio.com.br

Dama de Honra. Designação da criança, geralmente menina, que carrega as alianças na cerimônia de casamento; daminha.

### 2. Dicionário Aurélio.[17]

1 - Fazer honra a.

2 - Conferir honras a.

3 - Distinguir.

4 - Enobrecer.

5 - Prestar veneração a.

6 - Ilustrar.

7 - Pagar o saque feito por (uma firma).

8 - Sentir-se lisonjeado.

9 - Reputar como honra.

10 - Prezar-se.

### 3. Dicionário Michaelis.[18]

Honra

Substantivo Feminino

1. Princípio moral e ético que norteia alguém a procurar merecer e manter a consideração dos demais na sociedade.

2. Consideração ou homenagem à virtude, às boas qualidades morais, artísticas, profissionais de uma pessoa.

---

[17] www.dicionariodoaurelio.com

[18] www.michaelis.uol.com.br

3. Consideração e homenagem prestada a uma pessoa, a uma santidade ou a um evento importante: "[...] abriu-se nesse dia uma garrafa de vinho do Porto, e os dois beberam-na em honra ao grande acontecimento" (AA1).

4. Sentimento de glória e grandeza; esplendor.

5. Sentimento e atitude de consideração, deferência e prova de apreço.

6. Posição ou função importante alcançada por alguém numa hierarquia: "Fernanda formara uma companhia [...] colocando JK, então exilado em Portugal, como presidente de honra da empresa" (CA).

7. Pureza sexual feminina; castidade, virgindade.

Honras

Substantivo Feminino Plural

1. Honrarias prestadas em homenagem a alguém por conduta ou feito exemplar: "Foram [...] recebidos em sua terra com honras de heróis" (EV).

2. Título honorífico de um cargo.

---

Com estas informações acima temos com segurança todas as definições possíveis acerca da palavra honra. Se você consultar outros dicionários encontrará, mesmo com palavras diferentes, o mesmo significado explícito aqui.

No Reino de Deus, por se tratar de um fundamento do Reino, ela está direta e amplamente ligada a todos aqueles que confessam que entregaram suas vidas para Jesus Cristo e O seguem.

É muito provável que você deva conhecer e saber que muitos que se dizem cristãos vivem sua vida cristã completamente dissociada da honra. Todavia, observe como está a sua vida, pessoal, profissional, espiritual e emocional. Neste caso, a lógica é perversa: Quem não está vivendo em honra está vivendo na desonra. E assim como a honra tem suas bênçãos garantidas, a desonra também tem seus castigos programados e executados.

## A PALAVRA HONRA NA BÍBLIA

Na Bíblia, o vocábulo honra é de origem hebraica e tanto pode ser um verbo como um substantivo. Depende, evidentemente, de sua colocação dentro da frase.

No decorrer desta leitura, nós vamos encontrar várias palavras diferentes que tem o significado de honra. A variação decorre do alvo da honra, que pode ser Deus, a família, os pais, os reis, as autoridades, profetas, ministros, pessoas, objetos, cidades, nações, enfim a honra está por todos os lados e nos leva a vivê-la como um estilo de vida. Não dá para viver sem honra.

Dentre os casos de honra mencionados no Antigo Testamento, talvez o mais emblemático e mais famoso seja o caso da honra devida aos pais.

*"Honra a teu pai e a tua mãe, para que se prolonguem os teus dias na terra que o Senhor teu Deus te dá"* (Êxodo 20.12).

Neste versículo, o vocábulo original é **"kabed"**[19]

## A CONFUSÃO COM O TERMO GLORIFICAR

Às vezes, ocorre certa confusão com o termo "glorificar", que em hebraico é **"Kabôd"**[20]. Muitos pregadores e mestres aplicam a palavra honrar onde deveria ser "glorificar" e vice-versa. Neste caso, que vamos considerar a seguir, a Glória se foi porque a desonra entrou no governo sacerdotal de Israel. Onde tem desonra, não tem Glória. Glória e honra sempre andarão juntas.

## A GLÓRIA SERÁ SEMPRE PRECEDIDA PELA HONRA

Para esmiuçar o que aconteceu em Israel naqueles dias, você precisa entender o significado da palavra hebraica que é traduzia por Glória. Entendendo isto, você chegará ao conhecimento do que provoca a perda da Glória e por onde começa esta perda.

A palavra hebraica **"Kabôd"**[21] que é traduzida por Glória, tem o sentido literal de **"pesar"** ou **"ser pesado"**, ou seja, você só glorifica aquele a quem você reconhece o peso sobre sua vida e o peso da autoridade. Por isso, a Glória a Deus é incontestável, não somente na religião, mas também fora dela.

---

[19] "kabed" – Algo pesado. Forte. A importância da pessoa a ser honrada sobre nós. Dignidade. Glória ou glorioso. O termo **"kabed"** não é uma mera sugestão, mas é a honra como um mandamento, que se não for praticado, resulta em punição severa. E sendo praticado nos concede prêmio.

[20] Você também pode encontrar esta palavra em livros, ou dicionários grafada como **"Kaved"**. Isto porque na pronúncia, a letra "b" tem o som de um "v" pronunciado para dentro. (aspirado). Mas trata-se da mesma palavra.

[21] No grego a palavra Glória é δόξα. A pronuncia é **"Doxa"**.

No Novo Testamento, a palavra grega para honra é "doxa" (também se escreve Doksa). Aparece aproximadamente, cento e cinquenta e sete vezes, em textos como João 5.41,44 – João 8.54, 2 Coríntios 6.8 e muitos outros mais.

*Eu não recebo glória (doxa) dos homens;*

*Como podeis vós crer, recebendo honra (doxa) uns dos outros, e não buscando a honra (doxa) que vem só de Deus?* (João 5:41-44).

O vocábulo **"Kabôd"** que é traduzido como Glória e que tem o mesmo sentido de "pesado" ou "pesar alguém", é porque ele é um derivado da palavra **"Kabed"** que é honra.

Entretanto, **"Kabed"** se refere ao peso físico, e **"Kabôd"** ao peso de importância que a pessoa tem. Por exemplo: Deus não pode ser medido pelo peso literal, mas pelo peso de Sua importância para nós. Os reis eram medidos pela importância que possuíam e deveriam ser honrados por estarem nesta posição de governantes.

É por isso que alguns mestres ou líderes deixam dúvida quando usam os dois vocábulos, embora estejam em posições aproximadas como honra e Glória, elas, todavia se tornam diferentes quanto à sua manifestação.

Esta importância é observada quando a presença de Deus é manifestada. A presença dEle é a Glória mais profunda e real que o ser humano pode perceber. E para viver diante desta sobrenatural presença não existe outro caminho a não ser o da honra.

A honra conduz à Glória. Você honrará em sua vida àquele a quem você reconhece como sendo ou tendo, um peso sobre você, ou uma autoridade sobre você ou sobre seu ministério. Alguém que é importante e do qual você depende. E por depender dele, tudo o que ele lhe concede, você devolve dando a ele a glória devida.

No caso do sumo sacerdote Eli, ele era merecedor de uma tripla honra. Deveria ser honrado como pai, como juiz e honrado como sumo sacerdote. Os seus filhos não entendiam de honra. Eles eram tolos.

Assim como a Glória pesa para aquele que merece honra, respeito e admiração, da mesma forma a honra é um fardo demasiadamente excessivo para o tolo. Quem pensaria em honrar um tolo?

*Como a neve no verão, e como a chuva no tempo da ceifa, assim não convém ao tolo a honra* (Provérbio 26.1).

*Como o que arma a funda com pedra preciosa, assim é aquele que concede honra ao tolo* (Provérbio 26.8).

## O ALVO DA HONRA E DA GLÓRIA SERÁ SEMPRE O SENHOR!

O que você jamais pode perder de vista é que todas as atitudes de honra ocorridas em toda a sua vida será sempre chegar ao coração do Senhor. Quando você estiver honrando o seu irmão, os seus pais, os seus chefes, os seus pastores e líderes, o nome do Senhor estará sempre sendo glorificado em cada uma destas atitudes.

*Amai-vos cordialmente uns aos outros com amor fraternal, preferindo-vos em honra uns aos outros* (Romanos 12.10).

*Portanto, dai a cada um o que deveis: a quem tributo, tributo; a quem imposto, imposto; a quem temor, temor; a quem honra, honra.*(Romanos 13.7).

Dar honra é parte do caráter dos filhos de Deus. Buscar honra ou Glória para si mesmo é característica dos filhos do mundo.

Nosso relacionamento com o Pai celestial deve estar amparado numa plataforma de honra, temor e Glória. É impossível andar com o Senhor ou andar no Espírito se não brotar em nosso coração a devida honra para Ele.

*Aquele que tem, ele só, a imortalidade, e habita na luz inacessível; a quem nenhum dos homens viu nem pode ver, ao qual seja honra e poder sempiterno. Amém* (1 Timóteo 6.16).

*Porque ele é tido por digno de tanto maior glória do que Moisés, quanto maior honra do que a casa tem aquele que a edificou* (Hebreus 3.3).

*Digno és, Senhor, de receber glória, e honra, e poder; porque tu criaste todas as coisas, e por tua vontade são e foram criadas* (Apocalipse 4.11).

*Que com grande voz diziam: Digno é o Cordeiro, que foi morto, de receber o poder, e riquezas, e sabedoria, e força, e honra, e glória, e ações de graças.*

*E ouvi toda a criatura que está no céu, e na terra, e debaixo da terra, e que está no mar, e a todas as coisas que neles há, dizer: Ao que está assentado sobre o trono, e ao Cordeiro, sejam dadas ações de graças, e honra, e glória, e poder para todo o sempre* (Apocalipse 5.12-13).

*Dizendo: Amém. Louvor, e glória, e sabedoria, e ação de graças, e honra, e poder, e força ao nosso Deus, para todo o sempre. Amém* (Apocalipse 7.12).

*Porque dele e por ele, e para ele, são todas as coisas; glória, pois, a ele eternamente. Amém* (Romanos 11.36).

Vamos examinar, no próximo capítulo, o episódio onde os filhos do sacerdote Eli: Hofni e Finéias pecam e desobedecem às ordens de seu pai.

Ministros de desonra sempre serão ministros tolos.

## CAPÍTULO 05

### HOFNI E FINÉIAS – MINISTROS DA DESONRA

Esta história está em 1 Samuel 2.22-36 e 1 Samuel 4.5-22.

*Era, porém, Eli já muito velho, e ouvia tudo quanto seus filhos faziam a todo o Israel, e de como se deitavam com as mulheres que em bandos se ajuntavam à porta da tenda da congregação. E disse-lhes: Por que fazeis tais coisas? Pois ouço de todo este povo os vossos malefícios.*

*Não, filhos meus, porque não é boa esta fama que ouço; fazeis transgredir o povo do Senhor.*

*Pecando homem contra homem, os juízes o julgarão; pecando, porém, o homem contra o Senhor, quem rogará por ele? Mas não ouviram a voz de seu pai, porque o Senhor os queria matar.*

*E o jovem Samuel ia crescendo, e fazia-se agradável, assim para com o Senhor, como também para com os homens.*

*E veio um homem de Deus a Eli, e disse-lhe: Assim diz o Senhor: Não me manifestei, na verdade, à casa de teu pai, estando eles ainda no Egito, na casa de Faraó?*

*E eu o escolhi dentre todas as tribos de Israel por sacerdote, para oferecer sobre o meu altar, para acender o incenso, e para trazer o éfode perante mim; e dei à casa de teu pai todas as ofertas queimadas dos filhos de Israel.*

*Por que pisastes o meu sacrifício e a minha oferta de alimentos, que ordenei na minha morada, e honras a teus filhos mais do que a mim, para vos engordardes do principal de todas as ofertas do meu povo de Israel?*

*Portanto, diz o Senhor Deus de Israel: Na verdade tinha falado eu que a tua casa e a casa de teu pai andariam diante de mim perpetuamente; porém agora diz o Senhor: Longe de mim tal coisa, porque aos que me honram honrarei, porém os que me desprezam serão desprezados.*

*Eis que vêm dias em que cortarei o teu braço e o braço da casa de teu pai, para que não haja mais ancião algum em tua casa. E verás o aperto da morada de Deus, em lugar de todo o bem que houvera de fazer a Israel; nem haverá por todos os dias ancião algum em tua casa.*

*O homem, porém, a quem eu não desarraigar do meu altar será para te consumir os olhos e para te entristecer a alma; e toda a multidão da tua casa morrerá quando chegar à idade varonil.*

*E isto te será por sinal, a saber: o que acontecerá a teus dois filhos, a Hofni e a Finéias; ambos morrerão no mesmo dia.*

*E eu suscitarei para mim um sacerdote fiel, que procederá segundo o meu coração e a minha alma, e eu lhe edificarei uma casa firme, e andará sempre diante do meu ungido* (1 Samuel 2.22-35).

Os filhos de Eli pecavam seguidamente desonrando o sacerdócio. O texto confirma que eles se deitavam com as mulheres que serviam na porta da congregação (1 Samuel 2.22). Eli os repreendeu duramente, entretanto não deram ouvidos à voz de seu pai, pelo que Deus decidiu matá-los.

Quando eles morreram, lutando contra os filisteus, e Israel foi derrotado na batalha perdendo a Arca para os filisteus. Um soldado da tribo de Benjamin regressou com a notícia informando a Eli sobre os acontecimentos. Quando Ele ouviu sobre a perda da Arca, caiu para trás e morreu com o pescoço quebrado.

Sua nora, esposa de Finéias, entrou em trabalho de parto e deu à luz a um menino. Mesmo com as parteiras tentando consolá-la, ela pouco se importou com a criança, pois sua preocupação era a mesma de Eli, ou seja, a perda da Arca.

Antes de morrer ela chamou o menino de **"Icabod"**[22], usando o termo **"Kavôd"**[23] que significa "glória". A palavra "Icabod" tanto pode significar " foi-se Glória do Senhor" como "Nenhuma glória".

. Na verdade, a expressão Icabode queria dizer que a Arca foi embora de Israel. Tanto ela quanto Eli se preocuparam com a Arca e não com a morte de Hofni e Finéias.

A Arca (A presença do Senhor – A Glória do Senhor) foi levada de Israel para o arraial dos filisteus. Ao contrário do que dizem certos pregadores desinformados, a Glória (presença) do Senhor jamais se afastou de Israel. Explico melhor: Para Israel, a Arca era a Glória, a Presença, um motivo de bênção e prosperidade.

---

[22] **"Icabod"** A Glória se foi de Israel – Não tem mais Glória – Nenhuma Glória – Não existe mais Glória.

[23] **"Kavôd"** – Icabode - A Glória foi embora. A Glória saiu de Israel. Ao dar este nome ao seu filho, ela estava fazendo uma menção profética à apreensão da Arca pelos filisteus, porque a Arca era a representação da Gloria de Deus sobre a nação israelita.

Mas e para os filisteus, o que representava a Arca para eles? Somente lutas, tribulações, enfermidades e muito sofrimento. Representava maldição.

Por isso tiveram que devolvê-la. Leia o capítulo 5 de 1 Samuel e note que por onde a Arca passava nas cidades e aldeias dos filisteus só havia morte, enfermidades e desgraça. Por isso iam levando de cidade em cidade até que decidiram, sete meses depois, devolvê-la a Israel, onde ela só seria bênção.

## NEM A IMAGEM DE DAGOM, DEUS DOS FILISTEUS, FICOU DE PÉ NA PRESENÇA DA ARCA

As coisas ficaram tão ruins para os filisteus que ao ousarem colocar a Arca diante do deus Dagom, que era a potestade adorada por eles, tiveram a terrível surpresa de ver o seu deus caído no chão, prostrado diante do Deus de Israel.

*Tomaram os filisteus a arca de Deus, e a colocaram na casa de Dagom, e a puseram junto a Dagom.*

*Levantando-se, porém, de madrugada no dia seguinte, os de Asdode, eis que Dagom estava caído com o rosto em terra, diante da arca do Senhor; e tomaram a Dagom, e tornaram a pô-lo no seu lugar*

*E, levantando-se de madrugada, no dia seguinte, pela manhã, eis que Dagom jazia caído com o rosto em terra diante da arca do Senhor; e a cabeça de Dagom e ambas as palmas das suas mãos estavam cortadas sobre o limiar; somente o tronco ficou a Dagom* (1 Samuel 5:2-4).

A Glória de Deus é intocável. Ninguém pode ter uma atitude de desonra com o Senhor e ficar impune. Ele jamais divide Sua Glória com alguém. A Glória é uma exclusividade divina. A jogar a imagem de Dagom por terra, o Senhor a colocou em posição de reverência e adoração, mostrando para os filisteus quem é o verdadeiro Deus.

**A DESONRA DE HOFNI E FINÉIAS**

Voltemos, então, ao pecado de Hofni e Finéias. Quando eles exerciam seu sacerdócio, estavam sob a autoridade de seu Pai que era o sumo sacerdote na época. Eles foram repreendidos a primeira vez (1 Samuel 2.23-25), mas não ouviram a voz do seu Pai. Foi nessa ocasião que o Senhor queria matá-los, segundo o texto do versículo 25.

Ao desobedecer ao pai, eles o desonram. Não lhes dão a devida honra que um filho deve ao pai. Na Bíblia, ocorreram outros casos de desobediência de filhos a pais e nem por isso Deus decidiu matá-los Por que, neste caso, o Senhor foi duro com eles?

Observe o quinto mandamento na Torah (Êxodo 20.12). A simples desobediência ao pai já seria motivo suficiente para o Senhor "cortar" os seus dias na Terra.

*Honra a teu pai e a tua mãe, para que se prolonguem os teus dias na terra que o Senhor teu Deus te dá* (Êxodo 20.12).

A questão é que Eli era para eles não somente um pai, mas também o sumo sacerdote.

Havia em Eli a tripla autoridade: Pai, Juiz e sacerdote. Onde se processou a desobediência? Foi em casa, no seio da família ou foi no exercício do sacerdócio? Leve em consideração que em casa Eli era apenas o chefe de sua família, todavia como sumo sacerdote e juiz era responsável por todo Israel e, portanto, o iai espiritual de toda a nação.

E era representante do Senhor e o guardador oficial da Arca, ou seja, da Glória de Deus sobre todo o povo. Lembre-se de que neste tempo ainda não havia sido estabelecido o Reino de Israel. O sacerdote era a autoridade máxima. Ele exercia também a função de juiz.

Permita-me enfatizar esta questão da autoridade, porque quero que você entenda que uma tríplice autoridade e merecedora também de uma tríplice honra. Eli era pai, juiz e sacerdote de Israel. Autoridade paterna (família), autoridade jurídica (política/administrativa) e autoridade espiritual (sacerdócio).

Sem autoridade, sem honra.

Isto é uma lição importante para os líderes religiosos de hoje, que são ministros na Igreja e são pais em suas casas. Eles têm a responsabilidade da dupla autoridade. É uma lição para os filhos também, porque sabem que têm sobre si a autoridade paterna e a autoridade espiritual.

As duas devem ser obedecidas. As duas devem ser respeitadas. As duas devem ser honradas.

## QUEM REPREENDEU A HOFNI E FINÉIAS? O "PAPAI ELI", "O JUIZ ELI" OU O "SACERDOTE ELI"?

Provavelmente, pelo peso de sua idade, Eli já não tinha energias suficiente para exercitar a disciplina no corpo sacerdotal e estava, por isso, negligenciando suas funções. As informações chegavam aos seus ouvidos e a sua reação era só de tristeza pelo mau testemunho dos filhos.

Ao exortá-los, se posicionou como pai. Não foi de todo mal, porque ele, como dissemos anteriormente, possuía a tripla autoridade. Se tivesse falado como pai e seus filhos obedecido à sua exortação e se arrependido, tudo bem, o problema estaria resolvido.

A questão é que a desonra já tinha avançado tanto no caráter de Hofni e Finéias, que já não o respeitavam em nenhuma das três autoridades. Nós cremos que se tivesse chamado atenção deles como sacerdote, provavelmente também não teriam obedecido. Se o fizesse como juiz, o resultado seria o mesmo.

A desonra é surda. A desonra é cega. A desonra é cínica. A desonra não conhece limites. A desonra é debochada. A desonra não tem temor.

Compare os seguintes versículos:

*Era, porém, Eli já muito velho, e ouvia tudo quanto seus filhos faziam a todo o Israel, e de como se deitavam com as mulheres que em bandos se ajuntavam à porta da tenda da congregação.*

*E disse-lhes: Por que fazeis tais coisas? Pois ouço de todo este povo os vossos malefícios. Não, FILHOS MEUS, porque não é boa esta fama que ouço; fazeis transgredir o povo do SENHOR.*

*Pecando homem contra homem, os juízes o julgarão; pecando, porém, o homem contra o SENHOR, quem rogará por ele? Mas não ouviram a voz de seu pai, porque o SENHOR os queria matar* (1 Samuel 2.22-25).

Como já tinha chegado o ponto de o Senhor já ter tomado a decisão de matá-los, agora pouco importava se obedeceriam ou não.

Mas o Senhor já estava Se comunicando com aquele que seria a semente de honra em Israel, para anular toda aquela vergonha praticada pelos filhos de Eli.

Samuel já ouvia, entendia e obedecia à voz do Senhor. E o Senhor liberava a revelação de Seus planos para aquele que assumiria o lugar de Eli e restauraria a honra de Israel perante os povos. A Bíblia nos ensina que Deus, quando vai fazer algo na Terra, sempre informa Seus planos aos Seus profetas.

*Certamente o Senhor DEUS não fará coisa alguma, sem ter revelado o seu segredo aos seus servos, os profetas* (Amós 3.7).

E assim Deus falou com Samuel:

*E disse o SENHOR a Samuel: Eis que vou fazer uma coisa em Israel, a qual todo o que ouvir lhe tinirão ambos os ouvidos.*

*Naquele mesmo dia suscitarei contra Eli tudo quanto tenho falado contra a sua casa, começarei e acabarei.*

*Porque eu já lhe fiz saber que julgarei a sua casa para sempre, pela iniquidade que ele bem conhecia, porque, fazendo-se os seus filhos execráveis, não os repreendeu.*

*Portanto, jurei à casa de Eli que nunca jamais será expiada a sua iniquidade, nem com sacrifício, nem com oferta de alimentos* (1 Samuel 3.11-14).

À primeira vista, parece haver uma contradição entre os dois textos. Eli repreendeu aos seus filhos, como está explícito no primeiro texto. No segundo, o Senhor disse que apesar de já ter falado várias vezes com Eli ele não repreendeu os seus filhos.

Entenda os textos:

Quando Eli admoesta os seus filhos, ele os chama de FILHOS MEUS. Não se trata do sacerdote chamando atenção de seus auxiliares, mas sim um pai, com o coração de pai, exortando os seus filhos. E este pai já estava com 98 anos de idade, extremamente idoso, cansado e cego.

A desonra não era na casa de Eli. A desonra era na Casa de Deus. Eli não cuidou bem de uma e nem da outra.

Nós veremos a repetição de fatos semelhantes na vida do Rei Davi.

Quando o Senhor, falando com Samuel, diz que vai disciplinar a casa de Eli está se referindo ao sacerdote que não soube, ou não teve força, para disciplinar o exercício sacerdotal que servia de base e guarda da Glória de Deus em Israel.

Quando ouviu a notícia da morte de seus filhos, ele não esboçou nenhuma reação, mas quando ouviu dizer que a Arca tinha sido levada pelos filisteus, ele caiu para traz, quebrou o pescoço e morreu (1 Samuel 4.17-18).

O mesmo sucedeu com a mulher de Finéias, que também havia sido desonrada pelo seu marido. Uma vez que o mesmo era um adúltero contumaz e não a respeitava.

A notícia da Arca a abalou mais do que a morte de seu marido. As últimas palavras dela foram de tristeza e decepção pelos fatídicos acontecimentos. Ela nominou seu filho de Icabode[24], numa referência profética sobre a perda da Glória de Deus para o povo.

## O PECADO DE HOFNI E FINÉIAS

O pecado de Hofni e Finéias foi ter desonrado as famílias, (a sua e as famílias que vinham ofertar) o altar, o pai, o governo (juiz), o sacerdócio e a Deus.

---

[24] "Icabode" – Sem Glória. Foi-se a Glória de Israel. A referência era feita à Arca da Aliança tomada pelos filisteus. Foi um nome profético indicando a desonra de Israel perante os outros povos.

Apesar de tudo, Eli deixou uma lição interessante: Disse que, quando o homem desonra outro, Deus será o Juiz, mas, desonrando a Deus, quem poderá ser juiz? Quem intercederá por ele?

**COMO SE DESENVOLVE O CAMINHO DA DESONRA**

Veja como a desonra é uma tragédia sem limites na vida do ser humano. A desonra vai produzindo filhos ao longo do caminho. A desonra é insaciável. Ela sabe que caminha para a morte, mas não consegue parar. Há cristãos que vivem no envilecimento, por conseguinte na escassez, sob o domínio de um espírito de miséria e, às vezes, "defende" a sua postura desonrosa usando versículos bíblicos para justificar seus fracassos e frustrações.

Hofni e seu irmão Finéias seguiram o imediato caminho da desonra: Pela subsequente ordem:

**1. Roubavam a oferta que era do Senhor**

Já não tinham compromisso com seus ministérios. O temor desapareceu dando lugar aos mais baixos sentimentos carnais. No versículo abaixo, vemos a expressão filhos de Belial[25], o equivalente hoje a "filhos do diabo".

---

[25] O termo *belial* é um substantivo e adjetivo hebraico que significa "vileza", oriundo de duas palavras comuns: *beli-* (בְּלִי "sem") e *ya'al* (יַעַל "valor"): ou seja, "sem valor". O termo ocorre vinte e sete vezes no Texto Masorético, em versos como os que seguem:

"Um homem vil (em hebraico *adam beli-ya'al*)" Provérbios 6.12

Dessas 27 ocorrências, a expressão "filhos de Belial" aparece 15 vezes para indicar pessoas cruéis e maliciosas, incluindo idólatras (Deuteronômio 13.13, os homens

Agora, imagine dois filhos do diabo servindo no Altar do Senhor. Ou estes dois elementos levando a Arca – a Glória da Presença do Senhor – para um campo de batalha, numa guerra, para a qual não estavam preparados.

*Eram, porém, os filhos de Eli filhos de Belial; não conheciam ao Senhor.*

*Porquanto o costume daqueles sacerdotes com o povo era que, oferecendo alguém algum sacrifício, estando-se cozendo a carne, vinha o moço do sacerdote, com um garfo de três dentes em sua mão; E enfiava-o na caldeira, ou na panela, ou no caldeirão, ou na marmita; e tudo quanto o garfo tirava, o sacerdote tomava para si; assim faziam a todo o Israel que ia ali a Siló.*

*Também antes de queimarem a gordura vinha o moço do sacerdote, e dizia ao homem que sacrificava: Dá essa carne para assar ao sacerdote; porque não receberá de ti carne cozida, mas crua.*

*E, dizendo-lhe o homem: Queime-se primeiro a gordura de hoje, e depois toma para ti quanto desejar a tua*

---

de Gibeá (Juízes 19.22, Juízes 20.13), os filhos de Eli (1 Samuel 2.12, Nabal e Simei. Na Versão King James da Bíblia cristã, estas ocorrências são apresentadas com "Belial" iniciando com letra maiúscula (significando "filhos da Vileza):

"os filhos de Eli eram **filhos de Belial**" (VKJ)

*alma, então ele lhe dizia: Não, agora a hás de dar, e, se não, por força a tomarei.*

*Era, pois, muito grande o pecado destes moços perante o Senhor, porquanto os homens desprezavam a oferta do Senhor* (1 Samuel 2.12-17)

## 2. Deitavam-se com as mulheres que vinham ofertar, numa promiscuidade sexual que era praticada pelas religiões pagãs

Implantaram em Israel a prática das nações pagãs[26] que misturavam a prostituição com religião. Manipulavam

---

[26] O "costume mais horrendo" na Babilônia, escreveu o historiador Heródoto (que acredita-se que tenha vivido entre aproximadamente 490 a 425 a.C.), era a prática disseminada da prostituição no Templo de Ishtar.

Uma vez durante suas vidas, todas as mulheres do país eram obrigadas a sentar-se no templo e "entregar-se a um estranho" por dinheiro.

As mulheres "ricas e esnobes", criticou o historiador da Grécia antiga, chegavam em "carruagens cobertas".

Os persas, no Mar Negro aparentemente estavam envolvidos em atividades igualmente nefastas. Segundo o geógrafo grego Strabo, "as filhas virgens", que mal tinham 12 anos, eram dedicadas ao culto da prostituição. "Elas tratam seus amantes com tamanha cordialidade que até mesmo os entretêm. "

Há muitos relatos semelhantes na antiguidade clássica. Acredita-se que tribos da Sicília até Tebas supostamente praticavam hábitos religiosos perversos.

Os judeus também estiveram envolvidos nessas práticas. Há cerca de uma dúzia de passagens no Velho Testamento envolvendo os "qadeshes", uma palavra para os praticantes da prostituição sagrada, tanto do sexo masculino quanto feminino.

No Deuteronômio, os prostitutos e prostitutas são proibidos de levar "à Casa do Senhor" o pagamento que receberam.

Fonte: notícias.bol.uol.com.br/internacional de 29/03/2010

OBS: "qadeshes" era um termo aplicado aos que se prostituíam.

as mulheres seduzindo-as para a prática da conjunção carnal, dando a entender que isso era agradável a Deus.

Eles contaminaram o altar do Senhor. Já não tinham noção do que representava a blasfêmia sacerdotal praticada por eles. O castigo só poderia ser a morte. O pecado neste caso não poderia ser rotulado "apenas" como adultério, ou fornicação. A questão é mais profunda, e é isso que pretendo demonstrar neste livro.

O mal maior na história destes dois jovens sacerdotes era a desonra e não apenas os pecados pontuais, como roubo, prostituição, hipocrisia, desobediência etc.

A desonra desencadeou todo o castigo que os atingiu de imediato e depois toda sua descendência.

*Era, porém, Eli já muito velho, e ouvia tudo quanto seus filhos faziam a todo o Israel, e de como se deitavam com as mulheres que em bandos se ajuntavam à porta da tenda da congregação* (1 Samuel 2.22).

**3. Levaram a Arca da Aliança para o campo de Batalha, tirando-a do lugar santo em Siló. Uma blasfêmia e desonra sem precedentes**

A arca do Senhor só podia ser levada a uma batalha se o próprio Senhor assim o determinasse. Isto porque, para conduzir a Arca teria que proceder a todo cerimonial que envolvia as questões determinadas na Torah acerca disso.

E o momento espiritual em Israel não era o melhor possível, pelo contrário, era um tempo de desonra. E isto custou caro demais aos responsáveis por tal desonra. Pagaram com a vida e a perda da Arca.

*E voltando o povo ao arraial, disseram os anciãos de Israel: Por que nos feriu o Senhor hoje diante dos filisteus? Tragamos de Siló a arca da aliança do Senhor, e venha no meio de nós, para que nos livre da mão de nossos inimigos. Enviou, pois, o povo a Siló, e trouxeram de lá a arca da aliança do Senhor dos Exércitos, que habita entre os querubins; e os dois filhos de Eli, Hofni e Finéias, estavam ali com a arca da aliança de Deus* (1 Samuel 4.3,4).

Sacerdotes relaxados e desonestos, maridos adúlteros e infiéis, filhos desobedientes ao pai e maus guardadores da Arca da Aliança, perdendo-a para os inimigos.

Uma desonra acompanhando a outra, sem limites de parar a loucura.

## A DESONRA É O GATILHO QUE DESENCADEIA A MALDIÇÃO GERACIONAL

## Morte, maldição geracional e miséria: a punição da desonra

A Desonra, quando praticada ativa a maldição sobre a descendência daquele que a praticou. Esta sentença foi proferida inicialmente no Jardim do Éden, pelo próprio Senhor, quando veio visitar o casal após o pecado.

*Então o Senhor Deus disse à serpente: Porquanto fizeste isto, maldita serás mais que toda a fera, e mais que todos os animais do campo; sobre o teu ventre andarás, e pó comerás todos os dias da tua vida.*

*E porei inimizade entre ti e a mulher, e entre a tua semente e a sua semente; esta te ferirá a cabeça, e tu lhe ferirás o calcanhar.*

*E à mulher disse: Multiplicarei grandemente a tua dor, e a tua conceição; com dor darás à luz filhos; e o teu desejo será para o teu marido, e ele te dominará.*

*E a Adão disse: Porquanto destes ouvidos à voz de tua mulher, e comeste da árvore de que te ordenei, dizendo: Não comerás dela, maldita é a terra por causa de ti; com dor comerás dela todos os dias da tua vida.*

*Espinhos, e cardos também, te produzirá; e comerás a erva do campo.*

*No suor do teu rosto comerás o teu pão, até que te tornes à terra; porque dela foste tomado; porquanto és pó e em pó te tornarás* (Gênesis 3.14-19).

No capítulo seguinte do Livro de Gênesis, encontramos outra vez o Senhor punindo Caim e falando sobre sua descendência e sua morte.

*E disse o Senhor a Caim: Onde está Abel, teu irmão? E ele disse: Não sei; sou eu guardador do meu irmão?*

*E disse Deus: Que fizeste? A voz do sangue do teu irmão clama a mim desde a terra.*

*E agora maldito és tu desde a terra, que abriu a sua boca para receber da tua mão o sangue do teu irmão. Quando lavrares a terra, não te dará mais a sua força; fugitivo e vagabundo serás na terra.*

*Então disse Caim ao Senhor: É maior a minha maldade que a que possa ser perdoada.*

*Eis que hoje me lanças da face da terra, e da tua face me esconderei; e serei fugitivo e vagabundo na terra, e será que todo aquele que me achar, me matará.*

*O Senhor, porém, disse-lhe: Portanto qualquer que matar a Caim, sete vezes será castigado. E pôs o Senhor um sinal em Caim, para que o não ferisse qualquer que o achasse* (Gênesis 4.9-15).

Caim virou o símbolo de uma geração de desonra. Ficou terrivelmente famoso por ter matado o próprio irmão, valendo-se de motivo torpe.

## 1. A morte dos ministros da desonra

Naquela batalha, a presença de Deus não trouxe vitória ao Seu povo. Na verdade, o Senhor não queria estar ali. Ele liberou o espírito de morte que atacou geral. No campo de combate, morreram 30 mil homens de Israel. Quando o mensageiro veio a Siló e entregou as notícias da derrota de Israel, o sumo sacerdote Eli morreu. Sua nora, esposa de Finéias, entrou em trabalho de parto e morreu também.

*E foi tomada a arca de Deus: e os dois filhos de Eli, Hofni e Finéias, morreram* (1 Samuel 4.11).

## 2. A maldição geracional

E aquele espírito de morte passou a habitar na descendência de Eli através da desonra dos seus filhos. Veja a sentença divina nos versículos abaixo: Não haverá mais anciãos em tua casa, ou seja, todos morreriam na juventude.

*Portanto, diz o Senhor Deus de Israel: Na verdade tinha falado eu que a tua casa e a casa de teu pai andariam diante de mim perpetuamente; porém agora diz o Senhor: Longe de mim tal coisa,* **porque aos que me honram honrarei, porém os que me desprezam serão desprezados.**

*Eis que vêm dias em que cortarei o teu braço e o braço da casa de teu pai,* **para que não haja mais ancião algum em tua casa.**

*E verás o aperto da morada de Deus, em lugar de todo o bem que houvera de fazer a Israel;* **nem haverá por todos os dias ancião algum em tua casa.**

*O homem, porém, a quem eu não desarraigar do meu altar será para te consumir os olhos e para te entristecer a alma; e toda a* **multidão da tua casa morrerá quando chegar à idade varonil** (1 Samuel 2.30-33).

### 3. Pobreza e miséria

A escassez e a miséria andam lado a lado com a desonra. O juízo de Deus é severo com a desonra. Roubaram do altar do Senhor. Fartaram-se da gordura dos sacrifícios que não lhes pertencia. O que eles tiveram em abundancia, de forma desonesta, agora sua descendência teria escassez.

Eles iriam pedir esmolas. Mendigar um pedaço de pão, pedir um serviço qualquer no sacerdócio para não morrerem de fome. É cruel a maldição gerada pela desonra.

*E será que todo aquele que restar da tua casa virá a inclinar-se diante dele por uma moeda de prata e por um bocado de pão, e dirá:* **Rogo-te que me admitas a algum ministério sacerdotal, para que possa comer um pedaço de pão** (1 Samuel 2.36).

## 4. Os desonrados viverão às custas dos honrados

O sumo sacerdote de honra que estaria no lugar do velho líder que não combateu a corrupção e que não honrou a casa do Senhor seria agora o restaurador da honra no ministério sacerdotal.

*E eu suscitarei para mim um sacerdote fiel, que procederá segundo o meu coração e a minha alma, e eu lhe edificarei uma casa firme, e andará sempre diante do meu ungido* (1 Samuel 2.35).

Samuel estava sendo treinado por Deus, para que colocasse novamente o Nome e a Presença do Senhor, de modo santo e reverente, no coração do povo judeu.

***E será que todo aquele que restar da tua casa virá a inclinar-se diante dele*** *por uma* ***moeda de prata*** *e por um* ***bocado de pão****, e dirá:* ***Rogo-te que me admitas a algum ministério sacerdotal, para que possa comer um pedaço de pão*** (1 Samuel 2.35,36).

Os ministros de honra são os que guardam as riquezas do Senhor e as administram. Os que vivem na desonra não têm esse privilégio, portanto sempre terão que ir atrás daqueles honrados que estão com as chaves do Reino dos Céus e recebem as revelações especiais do Senhor.

O sacerdote fiel mencionado no versículo 35, pertence à linhagem dos ministros de honra.

## CAPÍTULO 6

## A HONRA NOS COLOCA EM NOSSO

## DESTINO PROFÉTICO

Todo homem ou mulher de Deus tem uma posição no Reino de Deus que nós chamamos de nossa posição ou nosso destino profético.

Ao nascermos nesta vida, Deus tem em Suas mãos a nossa história já completamente formatada. Ele nos predestinou para atender todos os propósitos dEle conosco.

Deus não nos cria ao acaso ou na sorte. Ele tem o controle daquilo que Ele pretende na Terra, e por isso já nascemos com um propósito definido. Não obstante, não termos conhecimento prévio, isto não significa que viveremos ao sabor das circunstâncias desta vida.

Um Deus sábio não trabalha com improvisos. Ele sabe o que faz. Ele sempre sabe o que faz. Entendemos que ninguém nasce no lugar errado ou fora do tempo.

*Eu te louvarei, porque de um modo assombroso, e tão maravilhoso fui feito; maravilhosas são as tuas obras, e a minha alma o sabe muito bem.*

*Os meus ossos não te foram encobertos, quando no oculto fui feito, e entretecido nas profundezas da terra.*

*Os teus olhos viram o meu corpo ainda informe; e no teu livro todas estas coisas foram escritas; as quais em continuação foram formadas, quando nem ainda uma delas havia* (Salmos 139.14-16).

O pecado, a ausência da Presença de Deus em nossa vida, os prazeres mundanos e até o desejo de cumprir radicalmente nossa aspiração de sucesso nos levam a viver uma vida desonrada, longe dos fundamentos de honra estabelecidos pelo Senhor. Esse desencadeamento de conjunturas e fatos em nossa vida nos levam a viver longe da nossa real posição estabelecida e decretada por Deus para nos colocar em nossa correta posição profética dentro do Reino dEle.

Se você vive uma vida sem honra, não espere o sucesso e as bênçãos do Altíssimo. Primeiro Ele te posiciona, depois te abençoa.

## ATITUDES DE HONRA TE COLOCAM EM POSIÇÃO DE HONRA

### A linda história de uma prostituta infeliz e destinada a morrer

Quando Josué enviou espias para fazer um levantamento sobre a cidade de Jericó e seus soldados e equipamentos de defesa, os dois homens, depois de serem notados na cidade, resolveram entrar na casa de uma mulher chamada Raabe[27] e conhecida como prostituta naquela cidade.

---

[27] Raabe não era somente uma prostituta. O fato de ter em seu eirado material de fibras de linho era um indicativo de que ela, nas horas livres, produzia linho para ajudar em sua manutenção. Havia também um estoque de canas de linho (**Josué 2.6**). Isso demonstra que ela tinha a sua oficina de produção de material para venda. .

A decisão deles foi muito inteligente, porque entrando num prostíbulo não chamariam tanto a atenção do povo.

Todavia, alguém os viu entrando na casa de Raabe e espalhou a notícia, logo chegaram os mensageiros do rei de Jericó[28] indagando sobre os dois homens. Raabe mentiu para os emissários do rei dizendo que realmente os homens haviam passado por ali, mas já tinha ido embora. Na verdade, eles estavam no telhado, escondidos sob as varas de linho que estavam guardadas ali.

*E Josué, filho de Num, enviou secretamente, de Sitim, dois homens a espiar, dizendo: Ide reconhecer a terra e a Jericó. Foram, pois, e entraram na casa de uma mulher prostituta, cujo nome era Raabe, e dormiram ali.*

*Então deu-se notícia ao rei de Jericó, dizendo: Eis que esta noite vieram aqui uns homens dos filhos de Israel, para espiar a terra.*

*Por isso mandou o rei de Jericó dizer a Raabe: Tira fora os homens que vieram a ti e entraram na tua casa, porque vieram espiar toda a terra* (Josué 2.1-3).

---

Não obstante o seu trabalho, a identificação usada na Bíblia é a palavra hebraica *zoh-nah*. Esta palavra indica pessoa que se prostitui ou que pratique relações sexuais ilícitas. Os cananeus, povo de Raabe, não criticavam ou perseguiam as mulheres que tinham a conduta característica das meretrizes.

[28] **Rei de Jericó** – Era uma denominação que se dava ao líder da cidade, que por sua vez exercia o papel de chefe ou de autoridade máxima. Isso era costume das cidades de Canaã. Ou seja, a cidade de Jericó não chegava a ser um reino, conforme o significado real desta palavra. Era apenas uma cidade como outra qualquer.

**Todos nós temos as duas sementes: a da honra e da desonra**

Raabe nunca imaginou que sua vida seria transformada pela ativação de um sábio plano divino, cujo desfecho seria levá-la para seu destino profético. Alguém chamaria isso de acaso ou de mera fatalidade, trabalhando em seu favor.

Mas, a partir deste encontro, o que se passou foi um deslanchar de palavras, acertos e compromissos entre ela e os dois homens, com todos se colocando sob o manto da honra. Esta é uma história muito linda. Sem compromisso com a honra, o pacto não chegaria a um final feliz.

Raabe viu o episódio de abrigar os dois espiões de Josué como uma oportunidade para mudar sua vida. Assim que os soldados do rei se foram de sua casa, ela faz uma solicitação aos espias, em forma de acordo, para mudar seu destino. No primeiro capítulo mostramos que a Glória e a honra sempre andam juntas.

Raabe, a prostituta, uma mulher vivendo em desonra tinha dentro de si a semente da honra.

**A glória anda junto com a honra**

Esta mulher não conhecia o fundamento da honra ainda, mas tinha a semente da honra dentro de si. Ela não conhecia a honra devida a Jeová, mas conhecia a Glória dos feitos do Senhor e O temia, somente pelas coisas que tinha ouvido a respeito do poder e força do Senhor.

Por conhecer a Glória de Deus, foi fácil para ela apresentar a proposta que iria mudar sua vida para sempre e conduzi-la ao seu destino profético.

E ela foi humilde ao usar os feitos de Jeová para com Seu povo para dizer que sabia da grandeza dEle, como também de Sua misericórdia.

Veja a sua proposta, que funcionou como uma chave para destravar seu futuro:

*E, antes que eles dormissem, ela subiu a eles no eirado; E disse aos homens: Bem sei que o Senhor vos deu esta terra e que o pavor de vós caiu sobre nós, e que todos os moradores da terra estão desfalecidos diante de vós.*

*Porque temos ouvido que o Senhor secou as águas do Mar Vermelho diante de vós, quando saíeis do Egito, e o que fizestes aos dois reis dos amorreus, a Siom e a Ogue, que estavam além do Jordão, os quais destruístes.*

*O que ouvindo, desfaleceu o nosso coração, e em ninguém mais há ânimo algum, por causa da vossa presença; porque o Senhor vosso Deus é Deus em cima nos céus e embaixo na terra. Agora, pois, jurai-me, vos peço, pelo Senhor, que, como usei de misericórdia convosco, vós também usareis de misericórdia para com a casa de meu pai, e dai-me um sinal seguro, De que conservareis com a vida a meu pai e a minha mãe, como também a meus irmãos e a minhas irmãs, com tudo o que têm e de que livrareis as nossas vidas da morte* (Josué 2.8-13).

Os enviados de Josué aceitaram o pedido dela e juraram a Raabe que o pacto seria cumprido, se ela honrasse sua parte no acordo.

*Então aqueles homens responderam-lhe: A nossa vida responderá pela vossa até à morte, se não denunciardes este nosso negócio, e será, pois, que, dando-nos o Senhor esta terra, usaremos contigo de misericórdia e de fidelidade.*

*Ela então os fez descer por uma corda pela janela, porquanto a sua casa estava sobre o muro da cidade, e ela morava sobre o muro.*

*E disse-lhes: Ide-vos ao monte, para que, porventura, não vos encontrem os perseguidores, e escondei-vos lá três dias, até que voltem os perseguidores, e depois ide pelo vosso caminho.*

*E, disseram-lhe aqueles homens: Desobrigados seremos deste juramento que nos fizeste jurar.*

*Eis que, quando nós entrarmos na terra, atarás este cordão de fio de escarlata à janela por onde nos fizeste descer; e recolherás em casa contigo a teu pai, e a tua mãe, e a teus irmãos e a toda a família de teu pai.*

*Será, pois, que qualquer que sair fora da porta da tua casa o seu sangue será sobre a sua cabeça, e nós seremos inocentes; mas qualquer que estiver contigo, em casa, o seu sangue seja sobre a nossa cabeça, se alguém nele puser mão.*

*Porém, se tu denunciares este nosso negócio, seremos desobrigados do juramento que nos fizeste jurar* (Josué 2.14-20).

Ressalve-se que no capítulo 2, mencionamos no item que fala sobre punições da desonra que existe uma **MALDIÇÃO GERACIONAL** para os que praticam a desonra.

Aqui neste texto que narra a história de Raabe é o contrário, a prática da honra estabelece a **BÊNÇÃO GERACIONAL**.

Até o encontro com os dois judeus em sua casa, Raabe era a vergonha de toda a família. Era a desonra da família. Ela trouxe a maldição da prostituição para dentro de suas gerações. Que futuro teriam as mulheres da casa de Raabe? Qual a filha que sente prazer em dizer: Minha mãe é uma prostituta? Ou uma neta conversando com suas amigas: Sou neta de uma prostituta.

**Em Raabe, a semente da honra mudou o destino profético dela e de sua geração**

Em sua negociação com os dois espias, ela incluiu seu pai, sua mãe, seus irmãos, suas irmãs e todos os seus parentes. E foi mais além, incluiu também todos os seus bens. Ela salvou as pessoas e tudo o que elas tinham.

*Agora, pois, jurai-me, vos peço, pelo Senhor, que, como usei de misericórdia convosco, vós também usareis de misericórdia para com a casa de meu pai, e dai-me um sinal seguro,*

*De que conservareis com a vida a meu pai e a minha mãe, como também a meus irmãos e a minhas irmãs, com tudo o que têm e de que livrareis as nossas vidas da morte* (Josué 2.12,13)

Josué honrou a palavra dos seus oficiais e, após a vitória sobre Jericó, mandou buscar Raabe e toda a sua parentela com seus bens e a protegeu, levando-a para viver com os Judeus.

*Porém a cidade será anátema ao Senhor, ela e tudo quanto houver nela; somente a prostituta Raabe viverá; ela e todos os que com ela estiverem em casa; porquanto escondeu os mensageiros que enviamos* (Josué 6.17).

*Josué, porém, disse aos dois homens que tinham espiado a terra: Entrai na casa da mulher prostituta, e tirai-a de lá com tudo quanto tiver, como lhe tendes jurado.*

*Então entraram os jovens espias, e tiraram a Raabe e a seu pai, e a sua mãe, e a seus irmãos, e a tudo quanto tinha; tiraram também a toda a sua parentela, e os puseram fora do arraial de Israel* (Josué 6.22,23).

*Assim deu Josué vida à prostituta Raabe e à família de seu pai, e a tudo quanto tinha; e habitou no meio de Israel até ao dia de hoje; porquanto escondera os mensageiros que Josué tinha enviado a espiar a Jericó* (Josué 6.25)

Enfatizamos uma verdade interessante sobre a vida desta mulher. Ela era prostituta em Jericó, mas, quando foi adotada pelos judeus, deixou para trás aquela vida promíscua, porque em Israel a prostituição não era vista com bons olhos. Pelo contrário, havia uma postura radical com as meretrizes.

Ao ser aceita pelos judeus, Raabe foi posicionada pelo Senhor em seu destino profético. Deixou a desonra para trás e mudou a história de toda a sua descendência. Saiu da maldição para a bênção.

Veja a expressão do último versículo do texto acima: *Assim deu Josué vida à prostituta Raabe.*

Se Josué deu vida à Raabe, é por que ela não tinha vida. Em Jericó, o que a esperava era a morte. Josué a livrou da morte, trazendo-a para vida. Tirou-a da desonra, trazendo-a para a honra.

**Ascenção, honra e graça sobre a vida de Raabe**

Uma vez entrosada com o povo israelita, sua vida toma um novo rumo. Seu destino profético começa a se desenhar.

Um casamento com um Judeu chamado Salmon a levou para dentro da genealogia de Jesus Cristo. Deste matrimônio nasceu seu filho chamado Boaz, que casou com Rute e gerou a Obede, que gerou a Jessé e Jessé foi o pai de Davi.

*E Arão gerou a Aminadabe; e Aminadabe gerou a Naassom; e Naassom gerou a Salmom; E Salmom gerou, de Raabe, a Boaz; e*

*Boaz gerou de Rute a Obede; e Obede gerou a Jessé; E Jessé gerou ao rei Davi; e o rei Davi gerou a Salomão da que foi mulher de Urias* (Mateus 1.4-6).

**A honra te coloca no teu destino profético**

A mulher que iria morrer dentro de poucos dias com toda a sua família torna-se mãe de gerações abençoadas. Nestas gerações abençoadas nasce o Messias que mudaria a história da humanidade.

A honra muda o nosso destino geracional. A desonra destrói nosso destino geracional.

## RUTE – A MOABITA, OUTRO CASO DE HONRA E DESTINO PROFÉTICO

A história de Rute, a moabita, é outro episódio na Bíblia de mudança de destino profético.

Esta moça se casou com um judeu chamado Malom, filho de Elimeleque com sua esposa Noemi. Quiliom, irmão de Malom, casou com Orfa.

Passado cerca de dez anos, morreu Elimeleque deixando Noemi viúva, algum tempo depois morrem também seus dois filhos, deixando as noras na mesma situação de viuvez.

Com a situação crítica para as três, Noemi decidiu voltar para Israel, suas noras resolveram acompanhá-la, para que não ficasse só. No princípio, ela recusou e as aconselhou a ficarem em sua terra, porque não teriam nenhuma obrigação de voltar com ela.

Orfa ficou em Moabe, porém Rute foi determinada e disse que não ficaria em Moabe, mas que a acompanharia.

*Disse, porém, Rute: Não me instes para que te abandone, e deixe de seguir-te; porque aonde quer que tu fores irei eu, e onde quer que pousares, ali pousarei eu; o teu povo é o meu povo, o teu Deus é o meu Deus.*

*Onde quer que morreres morrerei eu, e ali serei sepultada. Faça-me assim o Senhor, e outro tanto, se outra coisa que não seja a morte me separar de ti* (Rute 1.16,17).

E assim foi feito. Elas voltaram a Israel. A moabita decidiu viver com os judeus. Ela não abandonou a sogra e se tornou a cuidadora dela. O amor que ela tinha pelo marido se transformou em honra para sua sogra.

**Qual a origem de Rute – A moabita?**

Vamos conhecer a origem dos moabitas e ver a linhagem desta mulher e dos habitantes de Moabe.

*E subiu Ló de Zoar, e habitou no monte, e as suas duas filhas com ele; porque temia habitar em Zoar; e habitou numa caverna, ele e as suas duas filhas.*

*Então a primogênita disse à menor: Nosso pai já é velho, e não há homem na terra que entre a nós, segundo o costume de toda a terra;*

*Vem, demos de beber vinho a nosso pai, e deitemo-nos com ele, para que em vida conservemos a descendência de nosso pai.*

*E deram de beber vinho a seu pai naquela noite; e veio a primogênita e deitou-se com seu pai, e não sentiu ele quando ela se deitou, nem quando se levantou.*

*E sucedeu, no outro dia, que a primogênita disse à menor: Vês aqui, eu já ontem à noite me deitei com meu pai; demos-lhe de beber vinho também esta noite, e então entra tu, deita-te com ele, para que em vida conservemos a descendência de nosso pai. E deram de beber vinho a seu pai também naquela noite; e levantou-se a menor, e deitou-se com ele; e não sentiu ele quando ela se deitou, nem quando se levantou.*

*E conceberam as duas filhas de Ló de seu pai.*

*E a primogênita deu à luz um filho, e chamou-lhe Moabe; este é o pai dos moabitas até ao dia de hoje.*

*E a menor também deu à luz um filho, e chamou-lhe Ben-Ami; este é o pai dos filhos de Amom até o dia de hoje* (Gênesis 19.30-38).

Os moabitas eram de uma descendência de uma relação incestuosa de Ló com sua filha mais velha.

Observem que ela mentiu, manipulou, dominou e realizou seu intento. Este traço maligno de seu caráter era a presença destes demônios que acompanharam seus descendentes por toda a vida. Dominou o pai e manipulou a irmã.

Ela mentiu quando disse que não havia homens na terra. O tio de seu pai, Abraão, tinha um grande povo com ele. E havia outros povos naquela região.

Rute vinha de uma genealogia de desonra. Havia na lei uma ordem divina acerca deles fazerem parte do povo judeu. Nem entrar, nem prestar culto.

*Nenhum bastardo entrará na congregação do Senhor; nem ainda a sua décima geração entrará na congregação do Senhor.*

*Nenhum amonita nem moabita entrará na congregação do Senhor; nem ainda a sua décima geração entrará na congregação do Senhor eternamente* (Deuteronômio 23.2,3).

Mas a honra que Rute deu a Noemi, retirou-a da genealogia da desonra para a geração de honra. Mudou o seu destino profético.

Em Israel, conheceu Boaz, através de Noemi, e se casou com ele. Tiveram um filho, a quem chamaram de Obede. Este Obede foi o pai de Jessé, que foi o pai de Davi, o rei Davi.

Vejam a diferença da atitude de honra. A viúva estrangeira entra para viver em Israel e se torna a avó do rei Davi. E, por consequência, entrando também na linhagem de Jesus Cristo.

Mudou sua vida e mudou o destino das suas gerações.

Você também pode fazer isso. Entre na honra e viva na honra. Você só tem a ganhar. Você e os seus.

Viver em uma vida honrada não é uma opção, é uma ordem divina.

*"Honrai a todos. Amai aos irmãos. Temei a Deus. Honrai ao rei"* (1 Pedro 217).

## Capítulo 07

## A GUERRA DAS DUAS GERAÇÕES

**Introdução**

Deus criou apenas uma geração para habitar a Terra. O pecado se encarregou de dividir esta geração em duas gerações. A partir do momento em que o homem conheceu o bem e o mal, passou a viver entre a escolha de determinar qual caminho a seguir. Desde o início tem sido assim.

O Senhor não queria duas gerações inimigas vivendo no mesmo mundo. Sua Criação foi destinada para a honra. Adão e sua família não foram feitos para habitar numa dimensão de desonra. A vida no Éden era uma existência que recebera da parte do Eterno uma cultura divina, baseada nos fundamentos da honra.

Todos vivendo juntos em perfeita harmonia e integração espiritual, num ambiente onde o mal não tinha espaço.

Com a desobediência abriu-se a porta do conhecimento do mal, e com o mal entraram todas as perversidades produzidas no mundo maligno. Incluindo-se aí a desonra.

E as primeiras vítimas desta desonra com a ordem divina foi Adão e sua família, conhecendo as punições advindas de sua atitude.

Então, o Senhor Deus disse à serpente: *Porquanto fizeste isto, maldita serás mais que toda a fera, e mais que todos os animais do campo; sobre o teu ventre andarás, e pó comerás todos os dias da tua vida.*

*E porei inimizade entre ti e a mulher, e entre a tua semente e a sua semente; esta te ferirá a cabeça, e tu lhe ferirás o calcanhar.*

*E à mulher disse: Multiplicarei grandemente a tua dor, e a tua conceição; com dor darás à luz filhos; e o teu desejo será para o teu marido, e ele te dominará.*

*E a Adão disse: Porquanto destes ouvidos à voz de tua mulher, e comeste da árvore de que te ordenei, dizendo: Não comerás dela, maldita é a terra por causa de ti; com dor comerás dela todos os dias da tua vida.*

*Espinhos, e cardos também, te produzirá; e comerás a erva do campo.*
*No suor do teu rosto comerás o teu pão, até que te tornes à terra; porque dela foste tomado; porquanto és pó e em pó te tornarás* (Gênesis 3.14-19).

Depois destas sentenças, o Senhor libera a Palavra que talvez tenha sido a mais dolorida para Adão e sua família:

*O Senhor Deus, pois, o lançou fora do jardim do Éden, para lavrar a terra de que fora tomado (Gênesis 3.23).*

A expulsão do Jardim do Éden foi a sentença mais terrível, porque ali ele estava perdendo o seu local de contato com a presença do Eterno. O preço da desonra é muito alto. Adão sentiu isso em sua própria vida.

Outro detalhe que não pode passar despercebido é que o mesmo Senhor que a tudo criou, Ele mesmo teve que lançar a maldição sobre o homem e a natureza.

A porta da desonra, que tanto mal faria ao homem, estava escancarada e atingiria a humanidade por toda a sua existência, até que Cristo viesse à Terra para nos revelar a porta da honra e nos conduzisse para nela entrar.

**Dois irmãos. Filhos dos mesmos pais. Duas gerações inimigas**

No episódio de Caim e Abel houve a divisão em duas gerações: A de honra e a da desonra. A partir daí as duas entraram em conflito que só terminará com a Segunda vinda de Cristo.

No capítulo 4 de Gênesis, nós encontramos cinco ocorrências marcantes:

As duas primeiras ofertas; os três primeiros homicídios ocorridos na história da humanidade; o começo da indústria; a primeira bigamia; uma destruição e uma restauração.

Vejamos o que aconteceu naquele dia.

### 1. A desonra na primeira oferta

*Conheceu Adão a Eva, sua mulher; ela concebeu e, tendo dado à luz a Caim, disse: Alcancei do Senhor um varão.*

*Tornou a dar à luz a um filho a seu irmão Abel. Abel foi pastor de ovelhas, e Caim foi lavrador da terra.*

*Ao cabo de dias trouxe Caim do fruto da terra uma oferta ao Senhor.*

*Abel também trouxe dos primogênitos das suas ovelhas, e da sua gordura. Ora, atentou o Senhor para Abel e para a sua oferta,*

*mas para Caim e para a sua oferta não atentou. Pelo que irou-se Caim fortemente, e descaiu-lhe o semblante* (Gênesis 4.1-5).

---

É bom lembrar que estas ofertas eram o ensinamento de Adão aos seus filhos. Era uma oferta profética apontando para o sacrifício de Cristo, porque seus pais ministravam sobre a semente que pisaria na cabeça da serpente.

### 1.1. A oferta de Abel

A Bíblia menciona que a ocupação de Abel era a de pastor de ovelhas. O fruto do seu trabalho eram os animais com os quais convivia. Ao trazer sua oferta, apresentou um cordeiro sem mácula, sem mancha, sem defeito algum. Um animal perfeito.

Sua oferta foi aceita por Deus.

### 1.2. A oferta de Caim

Caim, por sua vez, era lavrador. Mexia com as coisas da terra. Ele decidiu trazer para o Senhor o fruto do seu trabalho crendo que estava trazendo uma oferta perfeita. Deus a recusou e o repreendeu porque ficou aborrecido. Por que Deus a teria recusado?

Observe o que diz os versículos 17 e 18 de Gênesis 3:

*E ao homem disse: Porquanto destes ouvidos à voz de tua mulher, e comeste da árvore de que te ordenei dizendo: Não comerás dela;* **_maldita é a terra por tua causa_**; *em fadiga comerás dela todos os dias da tua vida.*

*Ela te produzirá espinhos e abrolhos; e comerás das ervas do campo* (Gênesis 3.17-18).

Caim trouxe ao altar do Senhor sementes de uma terra amaldiçoada, portanto, sementes de maldição. Como alguém pensa dar a Deus coisas oriundas de maldição?

**Qual seria a opção de Caim?**

Se a oferta era profética, apontando para a "semente da mulher" que era Jesus Cristo, ela deveria ser uma oferta de sangue. O cordeiro no sacrifício de Abel ensinava às suas gerações o que um dia Cristo faria.

Daí o mal-estar no coração de Caim, porque não tinha uma ovelha para a oferta de honra. Ele tinha frutos da terra, com a qual trabalhava, e com eles poderia ter feito uma troca com seu irmão. Afinal de contas, Abel tinha muitos animais.

Ele não teve a sabedoria, ou humildade, para pedir um animal ao seu irmão para oferecer ao Senhor. Ou se não quisesse pedir, poderia ter comprado do seu irmão um animalzinho para o sacrifício.

Talvez, por estas razões, decidiu oferecer ao Senhor qualquer coisa. E eu posso lhes garantir que "qualquer coisa" para o Senhor é pura desonra.

Foi para o altar com seu coração perturbado porque sabia que Abel estava fazendo o certo e ele faria o errado. Tinha plena consciência do que estava fazendo, mas fez assim mesmo.

As pessoas de desonra não costumam medir o peso de suas ações.

Ainda hoje existe uma geração de desonra dentro das Igrejas que apregoam que Deus aceita qualquer coisa. Dizem que Ele quer apenas o nosso coração.

Quando você ouvir alguém dizendo isso, saiba que é uma pessoa que não sabe o que é honra. Deus quer de você o que Ele te pedir, não o que você quer dar. É Ele Quem opera em nós, tanto o querer, quanto o efetuar.

*Porque Deus é o que opera em vós tanto o querer como o efetuar, segundo a sua boa vontade* (Filipenses 2.13)

Para Adão Ele pediu obediência. A Noé pediu uma Arca. A Abraão pediu seu filho. A Moisés que tirasse o Seu povo do Egito. A Josué que tomasse a terra e a distribuísse para o Seu povo. A Gideão que defendesse

Israel dos midianitas. Para Ana, uma mulher estéril, que Lhe desse um filho. A Samuel determinou a restauração moral do sacerdócio em Israel. A Davi, a adoração e o governo de Israel. A Maria, esposa de José, pediu o útero emprestado. A José, esposo de Maria, que assumisse a paternidade terrena de Jesus. A Jesus determinou a cruz. Aos apóstolos, que levassem a Palavra de Jerusalém até aos confins da terra. A Paulo determinou que sofresse pelo Seu nome. A João, que mostrasse para o mundo como seriam as coisas do fim.

Todos estes e muitos mais na Bíblia honraram a Deus com aquilo que Ele próprio determinou para cada um. Isto é honra.

Desonra é você tentar "empurrar" para o Senhor aquilo que você "acha" que vai agradar a Ele.

## 2. O primeiro crime, sua importância na questão da honra

### 2.1. As razões da morte de Abel

Existem muitos pregadores que enfatizam a morte de Abel como consequência de ciúmes de Caim. Ora, isto banaliza o assunto entre os dois irmãos. Quando Caim chama seu irmão ao campo, não havia nada entre os dois. Abel não tinha feito nada contra Caim. Eles não haviam brigado ou passado por qualquer desentendimento. Parecia haver paz entre os dois. Por isso, Abel não se furtou a ir ao campo. Lá, foi covardemente assassinado por Caim.

Observe uma coisa tremenda: Caim, representando a desonra, matou Abel que era o representante da honra.

Leia ao versículo de 1 João 3.12:

*Não sendo como Caim, que era do Maligno, e matou a seu irmão. E por que o matou? Porque as suas obras eram más e as de seu irmão justas.*

## 2.2. Uma geração matando outra geração

Prestou atenção ao versículo de 1 João: Por que o Matou? Porque suas obras (de Caim) eram más. Obras de desonra. E as de seu irmão, Abel, eram justas. Obras de honra.

Na verdade, você está vendo uma geração destruindo a outra. Sabe o que aconteceu a partir deste dia? Não havia mais geração de honra para continuar adorando a Deus. A geração de Abel não continuou e a de Caim continuou. A geração de honra morreu e a da desonra sobreviveu e se multiplicou.

A partir deste acontecimento, as gerações de desonra sempre perseguem e querem destruir as gerações de honra.

## 3. As consequências do castigo

### 3.1. O castigo e suas implicações

*Perguntou, pois, o Senhor a Caim: Onde está Abel, teu irmão? Respondeu ele: Não sei; sou eu o guarda do meu irmão?*

*E disse Deus: Que fizeste? A voz do sangue de teu irmão está clamando a mim desde a terra.*

*Agora maldito és tu desde a terra, que abriu a sua boca para da tua mão receber o sangue de teu irmão.*

*Quando lavrares a terra, não te dará mais a sua força; fugitivo e vagabundo serás na terra.*

*Então disse Caim ao Senhor: É maior a minha punição do que a que eu possa suportar.*

*Eis que hoje me lanças da face da terra; também da tua presença ficarei escondido; serei fugitivo e vagabundo na terra; e qualquer que me encontrar matar-me-á.*

*O Senhor, porém, lhe disse: Portanto quem matar a Caim, sete vezes sobre ele cairá à vingança. E pôs o Senhor um sinal em Caim, para que não o ferisse quem quer que o encontrasse.*

*Então saiu Caim da presença do Senhor, e habitou na terra de Node[29], ao oriente do Éden* (Gênesis 4.9-16).

A geração de Caim é amaldiçoada e a terra lhe seria estéril, não lhe dando o sustento como dava a todos. Ele ficou com medo e imaginou que seria assassinado por causa do seu crime.

Quando a Bíblia menciona que ele seria vingado sete vezes, por uma questão de interpretação criou-se uma multiplicação de punição (sete vezes), na verdade o texto original diz que ele seria vingado na sétima geração, e não sete vezes.

### 3.2. A morte de Caim, na sétima geração

Quando Caim saiu, a Bíblia diz que ele se casou e foi morar na terra de Node.

*Então saiu Caim da presença do Senhor, e habitou na terra de Node, ao oriente do Éden (Gênesis 4.16).*

Ele se casou e teve um filho a quem chamou de Enoque. Têm início então as sete gerações de Caim:

*Conheceu Caim a sua mulher, a qual concebeu, e deu à luz a Enoque. Caim edificou uma cidade, e lhe deu o nome do filho, Enoque.*

---

[29] Node – Significa nada. Ele foi para a terra do nada. Ele foi para uma terra onde não teria como prosperar. Os desonrados sempre vivem na terra de Node.

A **Enoque** nasceu **Irade**, e Irade gerou a **Meüjael**, e Meüjael gerou a **Metusael**, e Metusael gerou a Lameque.

**Lameque** tomou para si duas mulheres: o nome duma era Ada, e o nome da outra Zilá.

E Ada deu à luz a **Jabal**; este foi o pai dos que habitam em tendas e possuem gado.

O nome do seu irmão era Jubal; este foi o pai de todos os que tocam harpa e flauta.

A Zilá também nasceu um filho, **Tubal-Caim**, fabricante de todo instrumento cortante de cobre e de ferro; e a irmã de Tubal-Caim foi Naama (Gênesis 4.17-22).

Observe as sete gerações:

**(1) Enoque**
**(2) Irade**
**(3) Meujael**
**(4) Metusael**
**(5) Lameque**
**(6) Jubal**
**(7) Tubal-Caim**

Numa caçada, Lameque encontra com Caim e sem reconhecê-lo o mata, o seu moço que estava com ele foi morto também. A desonra continua presente na geração de Caim. Conforme a Palavra ele foi assassinado na sétima geração.

Não obstante tenha sido Lameque o matador de Caim, eles já estavam vivendo na sétima geração, porque Jubal, filho de Lameque com Ada, era a sexta geração. E Tubal-Caim filho de Lameque com Zilá era a sétima geração.

## 4. A restauração da geração de honra

Nesta altura, Eva tem outro filho.

*Tornou Adão a conhecer sua mulher, e ela deu à luz um filho, a quem pôs o nome de Sete; porque, disse ela, Deus me deu outro filho em lugar de Abel; porquanto Caim o matou. A Sete também nasceu um filho, a quem pôs o nome de Enos. Foi nesse tempo, que os homens começaram a invocar o nome do Senhor* (Gênesis 4.25.26).

Observe que Eva testemunha que o filho que teve agora, Sete, foi em lugar de Abel. É claro que Eva após a morte de Abel teve outros filhos, mas exatamente nesta geração ela afirma que este filho, Sete foi em lugar de Abel. Era a geração de honra que estava nascendo e sendo restaurada. Foi a partir do filho de Sete, chamado Enos, que se passou a invocar o nome do Senhor. Estava restaurada a geração de honra outra vez.

O problema é que agora as duas gerações passaram a coexistir e a travar uma verdadeira guerra.

### 5. Cristo identificou na Igreja as duas gerações

Quando Jesus Cristo iniciou Seu ministério e revelou o modelo de como seria a Igreja, Ele identificou que dentro de um mesmo rebanho haveria o joio e o trigo, ou seja, os que honram e os que desonram.

*Chegaram, pois, os servos do proprietário, e disseram-lhe: Senhor, não semeaste no teu campo boa semente? Donde, pois, vem o joio?*

*Respondeu-lhes: Algum inimigo é quem fez isso. E os servos lhe disseram: Queres, pois, que vamos arrancá-lo?*

*Ele, porém, disse: Não; para que, ao colher o joio, não arranqueis com ele também o trigo.*

*Deixai crescer ambos juntos até a ceifa; e, por ocasião da ceifa, direi aos ceifeiros: Ajuntai primeiro o joio, e atai-o em molhos para o queimar; o trigo, porém, recolhei-o no meu celeiro* (Mateus 13.27-30).

Em outro texto, Ele os chama de bodes e ovelhas.

*Quando, pois vier o Filho do homem na sua glória, e todos os anjos com ele, então se assentará no trono da sua glória;*

*E diante dele serão reunidas todas as nações; e ele separará uns dos outros, como o pastor separa as ovelhas dos cabritos;*

*E porá as ovelhas à sua direita, mas os cabritos à esquerda.*

*Então dirá o Rei aos que estiverem à sua direita: Vinde, benditos de meu Pai. Possuí por herança o reino que vos está preparado desde a fundação do mundo* (Mateus 25.31-34).

## As Igrejas convivem com as duas gerações, em seus templos

Hoje, qualquer pastor, em qualquer Igreja, sempre estará pastoreando uma geração de honra e outra geração de desonra. Bodes e ovelhas. Fiéis e infiéis. Infelizmente, não temos o discernimento para separar uma geração da outra.

Pode parecer cruel esta verdade, mas não tem como fugir dela. Imagine que você tenha que aceitar que uma parte das pessoas que você pastoreia vai para o inferno, e você não tem como evitar, nem como mudar esta dura sentença espiritual.

Muitas vezes, um líder local ordena um ministro da geração de desonra; com toda certeza, no futuro este ministro vai lhe dar trabalho. Ele vive na desonra, e quando vira ministro é um ministro de desonra.

Ordene ministros de honra, e você sempre terá ministros fiéis ao seu lado.

## 6. O apóstolo Paulo também falou nos vasos de desonra

Ao escrever a Timóteo, Paulo profetizou sobre os últimos dias e com uma extraordinária precisão identificou o tipo de gente que andaria pelas Igrejas nos fins dos tempos:

*Sabe, porém, isto, que nos últimos dias sobrevirão tempos penosos; pois os homens serão **amantes de si mesmos, gananciosos, presunçosos, soberbos, blasfemos, desobedientes** a seus pais, **ingratos, ímpios, sem afeição natural, implacáveis, caluniadores, incontinentes, cruéis, inimigos do bem, traidores, atrevidos, orgulhosos, mais amigos dos deleites** do que amigos de Deus, tendo **aparência de piedade**, mas negando-lhe o poder. Afasta-te também desses.*

*Porque deste número são os que se introduzem pelas casas, e levam cativas mulheres néscias carregadas de pecados, levadas de várias concupiscências; sempre aprendendo, mas nunca podendo chegar ao pleno conhecimento da verdade.*

*E assim como Janes e Jambres resistiram a Moisés, assim também estes **resistem à verdade**, sendo homens **corruptos de entendimento** e **réprobos quanto à fé.***

*Não irão, porém, avante; porque a todos será manifesta a sua **insensatez**, como também o foi a daqueles* (2 Timóteo 3.1-9).

Sabe quanto adjetivos negativos mencionando os pecadores há neste texto? Vinte e três adjetivos mostrando o caráter de uma geração que viveria nas Igrejas nos últimos tempos.

É a geração da desonra tentando matar a geração de honra.

No capítulo anterior de 2 Timóteo, ele menciona os vasos de honra e de desonra.

*Todavia o firme fundamento de Deus permanece, tendo este selo: O Senhor conhece os seus, e: Aparte-se da injustiça todo aquele que profere o nome do Senhor.*

*Ora, numa grande casa, não somente há vasos de ouro e de prata, mas também de madeira e de barro; e uns, na verdade, para uso honroso, outros, porém, para uso desonroso.*

*Se, pois, alguém se purificar destas coisas, será vaso para honra, santificado e útil ao Senhor, preparado para toda boa obra* (2 Timóteo 2.19-21).

Paulo conhecia muito bem o assunto pelas inúmeras Igrejas que já havia passado e conhecia como ninguém o caráter daquele que ama a Deus e daquele que não ama.

Ele sabia o que era um vaso de honra e um vaso de desonra.

A que geração você pertence? Se estiver na geração errada, ainda há tempo de mudar.

**Capítulo 08**

## A DESONRA DESTRÓI SEU DESTINO PROFÉTICO

No capítulo três falamos sobre a honra restabelecendo o teu destino profético. Aqui vamos comentar o estrago que a desonra faz na vida dos homens e mulheres de Deus. Ela começa arrasando o responsável pela desonra e persegue as suas gerações.

Nos exemplos que vamos dar, você vai observar que a desonra desenvolve o mesmo processo da honra. Assim como a honra te posiciona no teu destino profético e vai crescendo dia após dia, manifestando os favores do Senhor sobre tudo aquilo que te diz respeito, isto é, vida familiar, ministerial, financeira e avança pela tua descendência, a desonra viaja pelo mesmo procedimento.

## A HONRA ATRAI A BÊNÇÃO, A DESONRA ATRAI A MALDIÇÃO

A honra deixará marcas poderosas que enfeitarão a sua história durante toda a sua vida e, após a sua morte, ela ainda gritará o seu nome para aqueles que não o conheceram. Os que não o conheceram, o respeitarão e amarão.

A desonra, pelo contrário, deixará cicatrizes intensas que o destroem aqui e se reproduzirão pela sua descendência. Os que não o conheceram, debocharão de você e o execrarão.

A honra produz ganhos. A desonra determina perdas.

## A HONRA É UM DOS FUNDAMENTOS DO REINO DE DEUS

A honra não é uma opção para você viver no Reino. A honra é uma obrigação no Reino de Deus. Um Reino não pode viver com cidadãos praticando desonra todo o tempo.

A honra faz parte da cultura do Reino. Ela produz nos cidadãos um estilo de vida. Ela precisa ser tão natural que não chame a atenção de ninguém. Quando ela é vivida e praticada da forma correta, o nome do Eterno é glorificado e exaltado. Ela nunca deve exaltar o homem, mas sim ao Senhor.

A cultura do mundo é a cultura da desonra. É por isso que as pessoas só evidenciam as nossas perdas, os nossos erros, as coisas negativas que se evidenciam em nós, pois é mais fácil sermos marcados pela desonra do que pela honra.

### Veja a questão da honra no sacerdócio

*O filho honra o pai, e o servo ao seu amo; se eu, pois, sou pai, onde está a minha honra? E se eu sou amo, onde está o temor de mim? Diz o Senhor dos exércitos a vós, ó sacerdotes, que desprezais o meu nome. E vós dizeis: Em que temos nós desprezado o teu nome?*

*Ofereceis sobre o meu altar pão profano, e dizeis: Em que te havemos profanado? Nisto que pensais, que a mesa do Senhor é desprezível.*

*Pois quando ofereceis em sacrifício um animal cego, isso não é mau? E quando ofereceis o coxo ou o doente, isso não é mau? Ora apresenta-o ao teu governador; terá ele agrado em ti? Ou aceitará ele a tua pessoa? Diz o Senhor dos exércitos* (Malaquias 1.6-8).

---

A questão não era a falta da oferta e sim a qualidade da oferta. Pois para Deus não se dá qualquer coisa, Deus é digno de receber uma oferta que o honre. Todos que querem se aproximar do Eterno devem se aproximar com o propósito de honrá-Lo.

O homem jamais poderá impor a Deus uma oferta qualquer. A oferta de honra é uma oferta de qualidade, e esta qualidade não é segundo os padrões humanos, mas sim pelos padrões divinos.

Em toda a Bíblia você verá o Senhor determinando a qualidade daquilo que Lhe agrada.

Foi assim, no Jardim do Éden. Foi assim na construção da Arca, quando orientou a construção e as medidas. Foi assim na construção do Tabernáculo. Tanto nas medidas, quanto no material e até no posicionamento do Tabernáculo. E assim foi também no funcionamento do trabalho sacerdotal dentro do Tabernáculo.

Até as posições das tribos em volta do tabernáculo era segundo o seu querer. Foi assim na entrada em Canaã. Foi assim na distribuição das terras pelas tribos.

Enfim, a honra está em fazer aquilo que o Senhor determina para nossas vidas. A desonra está em não fazer o que Ele manda e não dar o que Ele nos pede.

A honra é a irmã gêmea da obediência. Uma não vive sem a outra.

## A DESONRA AVANÇA SOBRE AS GERAÇÕES

**Como o pecado abre as comportas da desonra**

### 1. O CASO DE DAVI

O rei Davi é conhecido na Bíblia como um homem de honra. Em todas as oportunidades que ele teve, sempre demonstrou amar e honrar ao Senhor. O Senhor até liberou uma Palavra especial sobre ele quando disse, que Ele é um homem segundo o Meu coração.

*E, quando este foi retirado, levantou-lhes como rei a Davi, ao qual também deu testemunho, e disse: Achei a Davi, filho de Jessé, homem conforme o meu coração, que executará toda a minha vontade* (Atos 13.22).

E é uma verdade poderosa que de fato ele, Davi, honrou o Senhor em tudo que foi demandado.

Mas o que nos estarrece é que até um homem de honra, como Davi, pode abrir uma porta de desonra em sua vida e ser atormentado pela desonra até o fim de seus dias.

Eu tenho certeza de que a maioria dos homens chamados por Deus para O servir no altar, quando são ordenados e iniciam o cumprimento dos seus ministérios não têm nenhuma intenção de trair ou desonrar a Deus. Isso seria uma loucura, se pensassem assim ao serem chamados.

Todavia, na caminhada sacerdotal ocorrem muitas situações que escapam ao controle do homem de Deus e, se não tiverem um controle emocional e forte convicção de sua chamada, pode cometer atos que desonrem ao Senhor. Ou seja, mesmo com toda certeza da chamada, toda unção recebida e todo empenho, é necessário manter uma sólida vigilância em seus atos e decisões para evitar perder o foco e desonrar ao seu Senhor.

Lembre-se ministro do Senhor, todo o nosso trabalho é desenvolvido na terra do inimigo. O apóstolo João nos adverte que este mundo jaz no maligno.

*Sabemos que somos de Deus, e que todo o mundo está no maligno* (1 João 5.19).

E é neste mundo do maligno que nós cumprimos nosso ministério.

É na terra da desonra, que fazemos o nosso trabalho de honra.

### Bate-Seba: a porta de desonra de Davi

Davi se enamorou de uma mulher chamada Bate-Seba. Tratava-se de uma mulher casada, cujo marido estava na guerra lutando pelo seu país e pelo seu rei.

O rei a viu, desejou-a e se deitou com ela. Este adultério gerou uma gravidez. Foi o início da desonra na vida de Davi.

Vamos à Bíblia:

*E aconteceu que, tendo decorrido um ano, no tempo em que os reis saem à guerra, enviou Davi a Joabe, e com ele os seus servos, e a todo o Israel; e eles destruíram os filhos de*

*Amom, e cercaram a Rabá; porém Davi ficou em Jerusalém. E aconteceu que numa tarde Davi se levantou do seu leito, e andava passeando no terraço da casa real, e viu do terraço a uma mulher que se estava lavando; e era esta mulher mui formosa à vista.*

*E mandou Davi indagar quem era aquela mulher; e disseram: Porventura não é esta Bate-Seba, filha de Eliã, mulher de Urias, o heteu?*

*Então enviou Davi mensageiros, e mandou trazê-la; e ela veio, e ele se deitou com ela (pois já estava purificada da sua imundícia); então voltou ela para sua casa.*

*E a mulher concebeu; e mandou dizer a Davi: Estou grávida* (2 Samuel 11.1-5).

O exército de Davi havia derrotado os amonitas no teatro de guerra, e assim que foi possível enviou mais tropas para sitiar Rabá. Os amonitas estavam resistindo duramente em Rabá, sua principal cidade. Joabe, o grande general de Davi, esquematizou o cerco da cidade e manteve a pressão militar sobre os inimigos.

Joabe esperava a chegada de Davi para concluir o ataque e levar os amonitas à derrota final.

Davi decidiu não ir à guerra e deixou tudo nas mãos de seu comandante e de suas tropas. O lugar do rei era o posto de comando maior de seu exército. Davi não foi. Resolveu ficar em casa.

A negligência com sua responsabilidade e com os seus liderados o colocou numa posição de displicência e ociosidade. Daí para o pecado de adultério foi um pequeno passo.

## 1. ANALISE AS SITUAÇÕES QUE O CONDUZIRAM AO PRIMEIRO PECADO

### (1) Relaxamento com sua responsabilidade

Em vez de comandar suas tropas, como um heroico comandante, honrando a posição que o Senhor lhe dera, ele delegou tal responsabilidade para os subordinados e ficou em Jerusalém curtindo seu ócio enquanto outros lutavam e morriam por ele e pelo reino.

### (2) Ele queria tranquilidade e curtir sua desocupação

À tarde, ele se levantou do seu leito. De sua bem curtida soneca, quando deveria estar fazendo algo para sua edificação ou dar atenção aos negócios do palácio. Ou até mesmo as orações que ele costumava praticar à tarde.

Parece que neste dia ele tinha perdido o foco desse exercício sublime.

### (3) Olhos desfocados do objetivo

Quando olhou para a mulher, os olhos dele já estavam há muito desfocados de suas responsabilidades. Sua postura de rei já estava comprometida.

O adultério termina na cama, mas começa no coração. O líder que se afasta dos seus deveres essenciais de ministério leva seus pensamentos para onde não deve.

## 2. Os passos do pecado, e os passos da desonra.

O desejo bom é uma chave da porta da honra. O desejo ruim é a chave da porta da desonra.

Ele a viu. Desejou-a. Mandou buscá-la mesmo sabendo que era casada. E se deitou com ela.

**COMEÇA O PROCESSO DA DESONRA**

### Primeiro passo da desonra

O rei Davi desonra um matrimônio, deitando-se com a mulher do próximo. Viola um dos mandamentos do decálogo. Não cobiçarás a mulher do teu próximo.

### Segundo passo da desonra

Davi desonra o marido dessa mulher, porque tomou sua companheira. Urias era apaixonado pela sua esposa que, por seu lado, também correspondia ao amor de seu marido. Com essa atitude, Davi destrói um lar honrado, que vivia em completa felicidade. Os adúlteros nunca raciocinam que o seu momento de prazer carnal lança na amargura inocentes que viviam felizes em sua paz matrimonial.

### Terceiro passo da desonra

Urias foi desmoralizado como soldado. Davi desonra e desmoraliza um soldado que defendia o seu reino. Um subordinado seu que o estava defendendo no campo de guerra, onde ele, Davi, deveria estar também liderando suas tropas.

**Quarto passo da desonra**

Davi desonra suas esposas com as quais já era casado, desprezando-as como mulheres. Elas viraram alvo de deboche das mulheres que viviam no reino. Muito provavelmente, o adultério foi consumado no palácio. Davi nem se importou com as condições psicológicas ou emocionais de suas esposas. A desonra não tem limites.

**Quinto passo da desonr:**

Davi desonra seus filhos que agora passam a ser filhos de um pai adúltero. Com seus filhos ele negou, nesta atitude, comportar-se como exemplo para eles. A atitude adúltera do homem cria cicatrizes profundas no coração de sua própria família. Um líder quando adultera é mais fácil ganhar o perdão dos de fora de sua família do que ganhar o perdão daqueles que desfrutam seu convívio.

**Sexto passo da desonra**

Davi desonra o povo que governava, que o via como um exemplo de guerreiro, um rei forte e um adorador temente a Deus. E agora o veem como um adúltero qualquer. Perdeu a credibilidade. Embora não tenha perdido a autoridade de rei, porque ninguém poderia depô-lo do seu posto, visto que foi o Senhor quem o colocou ali, mas seria uma autoridade exercida pela força moral da lei, mas nunca pela lei da força moral.

**Sétimo passo da desonra**

Davi desonra a si mesmo. Perdeu a postura de realeza e se travestiu como um plebeu qualquer, que faz qualquer loucura. Caminhou do seu posto profético, para a cama da amargura. No princípio, ele não percebeu isso, mas, com o passar do tempo e dos acontecimentos que se sucederam, ele descobriu o tamanho destruidor de sua atitude.

## 2. ANALISE AS SITUAÇÕES QUE O CONDUZIRAM AO SEGUNDO PECADO

O rei Davi percebeu a sua situação e arquitetou um plano para resolver o problema. Todo homem longe de Deus sempre cria um plano para sair do buraco em que se meteu.

Eva jogou seu problema em cima da serpente. Adão, depois de culpar a Eva pelo erro, também criou o plano de costurar folhas para fazer uma vestimenta que cobrisse sua nudez. De nada adianta planos criativos imaginados pelo homem que está longe de Deus.

Hoje, no Brasil, há muitos líderes de Igrejas subindo ao púlpito com ternos costurados com folhas de figueiras.

**Mandou buscar Urias, o marido de Bate-Seba, no campo de batalha. Começa o processo do segundo pecado**

O general Joabe mandou, de acordo com a ordem do rei, que ele voltasse a Jerusalém e se apresentasse ao rei Davi. O oficial obediente voltou, se apresentou e foi premiado, sem imaginar por que, comendo à mesa do rei, sem desconfiar de nada e sem entender o porquê de tanta honraria com ele.

*Então Davi mandou dizer a Joabe: Envia-me Urias, o heteu. E Joabe enviou Urias a Davi.*

*Vindo, pois, Urias a ele, perguntou Davi como passava Joabe, e como estava o povo, e como ia a guerra.*

*Depois disse Davi a Urias: Desce à tua casa, e lava os teus pés. E, saindo Urias da casa real, logo lhe foi mandado um presente da mesa do rei.*

*Porém Urias se deitou à porta da casa real, com todos os servos do seu senhor; e não desceu à sua casa. E fizeram saber isto a Davi, dizendo: Urias não desceu a sua casa. Então disse Davi à Urias: Não vens tu duma jornada? Por que não desceste à tua casa?*

*E disse Urias a Davi: A arca, e Israel, e Judá ficaram em tendas; e Joabe, meu senhor, e os servos de meu senhor estão acampados no campo; e hei de eu entrar na minha casa, para comer e beber, e para me deitar com minha mulher? Pela tua vida, e pela vida da tua alma, não farei tal coisa.*

*Então disse Davi a Urias: Demora-te aqui ainda hoje, e amanhã te despedirei. Urias, pois, ficou em Jerusalém aquele dia e o seguinte.*

*E Davi o convidou, e comeu e bebeu diante dele, e o embebedou; e à tarde saiu a deitar-se na sua cama com os servos de seu senhor; porém não desceu à sua casa.*

*E sucedeu que pela manhã Davi escreveu uma carta a Joabe; e mandou-a por mão de Urias.*

*Escreveu na carta, dizendo: Ponde a Urias na frente da maior força da peleja; e retirai-vos de detrás dele, para que seja ferido e morra* (2 Samuel 11.6-15).

## Como o primeiro pecado não foi resolvido, abriu-se a porta do segundo

Vivendo na desonra e sem arrependimento, o homem faz qualquer coisa para se livrar das fortes acusações de sua própria consciência. O homem no pecado é prisioneiro de si mesmo.

O rei Davi nesta ocasião estava com cerca de 50 anos de idade; já não era nenhum jovem imaturo. Nesta idade, forçosamente, teria que ter um caráter forte e bastante maturidade para não cair num laço desses. E é aí que começa a se manifestar um lado do seu estilo que mostrava sua fraqueza.

1. Ao mandar chamar Urias, queria transferir o seu pecado para o marido de Bate-Seba. Não queria assumir seu próprio erro.

2. Ao perguntar como estava Joabe, como ia o povo e a guerra estava mostrando dissimulação. Como se diz no popular, era pura conversa fiada.

3. Tenta manipular Urias para que vá dormir com sua esposa que já estava grávida. Urias, homem de honra, não foi manipulado nem vencido pelo homem da desonra.

4. Vendo que seu plano não funcionava, Davi chegou a embebedar Urias, mesmo assim não conseguiu.

5. Finalmente, parte para a pior parte do plano. Trama a morte de Urias, para casar-se com a viúva. Escreve uma carta com a sentença de morte de Urias[30], e encarrega o próprio Urias de levar a carta para o comandante Joabe.

O respeito, a fidelidade e a honra que Urias tinha pelo seu rei era tanta, que ele levou a carta sem a tentação de abri-la e descobrir o seu conteúdo no meio do caminho.

Davi, que havia cometido o pecado do adultério, agora cometeu um crime premeditado. Portanto, era adúltero e criminoso. Mas o processo de desonra não parava, continuava em andamento.

**Oitavo passo da desonra:**

Ao mandar a carta da morte David se desonra perante o seu exército e seus comandantes. Que militar, de soldado a general, vai

---

[30] Urias – Urias não era um sodado raso. Ele era um oficial e militar de grande importância. Ele pertencia a um grupo especial de combatentes, formado por 30 homens. Era como se fosse um pelotão do BOPE (Batalhão de Operações Especiais). Havia mais dois pequenos grupos com três pessoas cada um e o terceiro que era o grupo de Urias era composto por 30 militares. Veja em II Samuel 23.13-39. Seu pai, Eliã, também pertencia a este grupo

confiar num chefe que manda matar seus próprios subordinados? Quebrou a disciplina, quebra a cadeia de comando.

**Nono passo da desonra:**

David esqueceu de um detalhe muito importante. Ele matou um homem que era amado pela sua esposa. Ele por acaso, pensou em algum momento que aquele casal era feliz e que ele destruiu a felicidade deles? David não se preocupou em destruir os sentimentos de Bate Seba pelo seu marido. Será que David imaginou que seria amado, por uma viúva de cujo marido ele era o assassino?

Prezado líder, quando a desonra do pecador atinge a alma, do seu semelhante, o trauma dura até sua morte.

Como veremos à frente a colheita da desonra é terrível.

## 3. O PROFETA NATÃ ENTRA EM CENA E PÕE AS COISAS EM ORDEM.

O pecado trouxe muitas dores a Davi. Ele se tornou um líder fraco e um compositor sem canções. "Pois conheço as minhas transgressões e o meu pecado está sempre diante de mim"[31] (Sl 51.3).

Deus em sua sabedoria sabe como agir, é agir no tempo certo. Deus esperou que a alegria de Davi se esgotasse para em seguida entrar em cena (Sl 51.12).

---

[31] Salmo 51 – Foi nessa época que David escreveu o salmo 51. Leia o salmo todo e você verá como ele pranteou o seu pecado e o reconheceu. Arrependimento verdadeiro.

Então, surge Natã. Por conta própria? Não. "E o Senhor enviou Natã a Davi" 2 Sm 12.1. Natã não foi enviado depois do adultério; não foi enviado quando Bate-Seba engravidou; não foi enviado quando Davi assassinou Urias; não foi enviado quando a criança nasceu. Deus esperou o tempo certo e enviou a pessoa certa.

Embora tenhamos milhares de coisas a acrescentar aos atos de Davi, Deus lhe acrescentou uma que talvez não fôssemos capazes jamais de conceder; o perdão e a restituição.

Como um cirurgião, Deus usa a ferramenta certa para expurgar o tumor da alma de seu ungido. Deus sabia como ele estava, sabe quem somos nós, mas creia, ele tem o tempo certo e a pessoa certa para nos enviar.

Deus não enviou alguém religioso demais para tratar de Davi, enviou um amigo, Natã. Que comia a sua mesa, participava de sua vida, e se importava com o reino e com o Deus que o regia. Era um dos profetas do Reino.

Com muita graça Natã colocou as palavras certas e teve uma atitude impecavelmente graciosa. Sua sabedoria fez com que Davi despertasse e visse a gravidade de seu erro. Natã não usou de críticas desonrosas e humilhantes, mas ilustrou o fato de modo tão admirável que Davi não teve alternativa, a não ser dobrar os joelhos e agradecer a Deus por tal repreensão.

Natã foi o médico, e ao mesmo tempo, o instrumento cirúrgico da operação. Isso é o que Deus espera de nós. Que em vez de críticas que nada resolvem, possamos curar com a palavra de sabedoria a nossa geração.

Natã cria uma parábola e conta para Davi, que nem de longe percebe que se trata de sua situação. Afinal de contas já havia se passado um ano do seu adultério, a criança já havia nascido. David "esqueceu" o seu pecado. Deus mandou o profeta para lembra-lo.

Quando David reconheceu seu erro, Natã liberou a palavra profética sobre ele e falou como seria a colheita por toda a desonra:

> *Então disse Natã a Davi: Tu és este homem. Assim diz o Senhor Deus de Israel: Eu te ungi rei sobre Israel, e eu te livrei das mãos de Saul;*
>
> *E te dei a casa de teu senhor, e as mulheres de teu senhor em teu seio, e também te dei a casa de Israel e de Judá, e, se isto é pouco, mais te acrescentaria tais e tais coisas.*
>
> *Por que, pois, desprezaste a palavra do Senhor, fazendo o mal diante de seus olhos? A Urias, o heteu, feriste à espada, e a sua mulher tomaste por tua mulher; e a ele mataste com a espada dos filhos de Amom.*
>
> *Agora, pois, não se apartará a espada jamais da tua casa, porquanto me desprezaste, e tomaste a mulher de Urias, o heteu, para ser tua mulher.*

> *Assim diz o Senhor: Eis que suscitarei da tua própria casa o mal sobre ti, e tomarei tuas mulheres perante os teus olhos, e as darei a teu próximo, o qual se deitará com tuas mulheres perante este sol.*
>
> *Porque tu o fizeste em oculto, mas eu farei este negócio perante todo o Israel e perante o sol. 2 Sm 12:7-12*

Davi nem esperou Natã terminar a profecia e abriu a boca e mostrou o seu arrependimento. **"Pequei contra o Senhor"**

Com o arrependimento veio o perdão. E Natã completou a profecia:

> *Então disse Davi a Natã: Pequei contra o Senhor. E disse Natã a Davi: Também o Senhor perdoou o teu pecado; não morrerás.*
>
> *Todavia, porquanto com este feito deste lugar sobremaneira a que os inimigos do Senhor blasfemem, também o filho que te nasceu certamente morrerá. 2 Sm 12:13,14*

O pecado foi perdoado. Deus amava a Davi e não ia perde-lo de jeito nenhum. Mas havia a questão da desonra. Davi teria uma trágica colheita na história de sua família.

Ele desonrou uma família. E a desonra entrou em sua família, levando-o a momentos de frustração e revolta com os acontecimentos dentro de sua linhagem. Era a colheita.

**Episódios de desonra na vida de David.**

**Veja os fatos de desonra que marcaram a vida deste grande monarca:**

1. Morre a criança, fruto do adultério: 2 Sm 12.18
   O salário do pecado – Rm 6.23

2. A vergonha do incesto na família entre os seus filhos Tamar e Amnon 2 Sm 13.1-22
   Lembrou-lhe do seu pecado semeado.

3. Veio a morte de Amnon, ordenada pelo seu próprio irmão Absalão, para lhe trazer à memória a morte de Urias. 2 Sm 13.28-29

4. Aparece o usurpador do trono na pessoa de seu próprio filho Absalão, para lhe lembra que ele usurpou o lugar de Urias. 2 Sm 15.1-18

5. Explode a desonra sexual sobre sua casa quando Absalão coabitou com suas concubinas, em público, para lhe lembrar o que ele fez, em oculto, à mulher de Urias. 2 Sm 16.21-22.

6. Chegou a morte traiçoeira de Absalão, para lhe lembrar a morte traiçoeira que ele fez com Urias. 2 Sm 18.12-15

7. Deus Enviou a praga, para lhe lembrar do seu orgulho e torná-lo humilde. 2 Sm 24.10-17

Voltemos ao início de tudo. Todas estas coisas foram frutos causados por uma noite de amor, com a mulher errada. Com a mulher de honra. Com uma mulher que amava seu marido. Tudo isso por causa de um ato de desonra. Não foi apenas um adultério. Foi uma tempestade de desonra.

A colheita da desonra veio em forma de tsunami. Devastou tudo. Davi trocou uma noite de prazer por 20 anos de tragédia. Isso vale a pena?

O adultério nunca é apenas um adultério. Na verdade, é a porta da desonra que se abre e fica escancarada atormentando dia e noite.

**O LÍDER E A DESONRA.**

**Quando "roubam nossas ovelhas"**

O castigo da desonra às vezes é imperceptível. Às vezes aquele que está passando por um processo desses, não nota, o porquê dos fatos que ocorrem em seu ministério e sua vida.

Um pastor de outro ministério, lhe toma um de seus principais membros. Aquele que sempre lhe foi fiel e é o seu maior dizimista. Como a desonra é imperceptível, você não nota que há uma porta aberta de desonra e agora alguém entrou por essa porta, foi no seu rebanho e lhe roubou sua bênção.

**Onde estão as finanças do ministério?**

As finanças do seu ministério não crescem. Você ensina, ministra, ora, faz ato profético e o dinheiro desaparece. Tanta gente trabalhando em sua igreja, mas não dizimam, não ofertam e não primiciam. Tem porta de desonra aberta.

Você tem honrado o seu líder com seus dízimos e primícias? Se não está fazendo, como espera que os seus liderados dizimem e primiciem em sua vida? Fecha esta porta. Quanto mais depressa fosse a fechar, mais rápido as bênçãos voltarão à sua vida.

Se não você vai ficar cantando a música dos derrotados: "o povo é duro para ofertar". "O povo desta igreja é miserável". "Minha igreja está na bênção, nosso problema é só na área financeira". "O povo só quer bênção". "O povo não sabe me honrar".

Acorda líder. Se olha no espelho. Prega para você mesmo. Depois dá início ao processo de fechar as portas da desonra.

**A desonra atrai a escassez**

Porque existe tantos e tantos líderes com extraordinária capacidade ministerial. Grandes apóstolos, profetas, mestres, pastores e evangelistas, além de outros ministérios e dons passando por momentos de tanta privação, que não conseguem sequer testemunhar as grandezas de Deus?

Porque eles sabem ensinar, ministrar, orar, profetizar, pastorear aos outros, mas não o fazem a si mesmo. Eles querem honra, muita honra.

Mas a quem eles estão honrando? Será que a honra é um estilo de vida para eles?

Os homens sábios de Deus dão honra. Os filhos tolos buscam honra.

Os que honram, sempre serão honrados. Mas os que desonram sempre serão desonrados.

*Portanto, diz o Senhor Deus de Israel: Na verdade tinha falado eu que a tua casa e a casa de teu pai andariam diante de mim perpetuamente; porém agora diz o Senhor: Longe de mim tal coisa, porque aos que me honram honrarei, porém os que me desprezam serão desprezados. 1 Sm 2:30*

Esta palavra foi proferida para um dos grandes sumos sacerdotes e juiz de Israel. Um homem que fez um trabalho extraordinário. Era também um grande profeta, além disso foi o discipulador de outro grande profeta e juiz: Samuel.

Até o dia em que deixou a desonra entrar no sacerdócio de Israel, através de seus filhos. Provavelmente você conhece bem o restante da história de Eli, e de seus filhos Hofni e Finéias.

**FECHE ESSA PORTA. TORNE-SE UM HOMEM DE HONRA.**

A única maneira de você fechar definitivamente as portas da desonra em sua vida e em seu ministério é aprender a viver em honra e honrando ao seu semelhante. Quando você honra alguém, você está honrando a Deus. Porque a determinação de viver em honra partiu dele. Porque a honra é um dos fundamentos do Reino.

Deus coloca em todos os lugares e em todas as pessoas a semente da honra. Você só precisa cultivá-la.

1. Raabe – Vivia na prostituição (desonra) mas tinha a semente da honra, e soube cultivá-la.

2. Eli tinha a desonra em sua casa. Hofni e Finéias. Mas também tinha a semente de honra: Samuel.
3. David desonrou. Mas era um homem que tinha a semente dentro de si mesmo. Era um homem segundo o coração de Deus.
4. Noé tinha três filhos. Um foi desonra. Os outros dois foram honra.

5. Rute era Moabita, um povo sem honra, mas ela era uma mulher de honra e honrou a Noemi, sendo honrada em Israel.

6. Jonatas era filho de um pai sem honra – Saul – mas Jonatas honrou a David, reconhecendo-o como futuro Rei de Israel. Cargo que por lei pertenceria a Jonatas.

7. David honrou a Jonatas, mesmo depois de morto, quando amparou, protegeu e enriqueceu a seu filho deficiente Mefibosete. Regatando-o de Lo Debar.

**8. O Rei Jeú mandou dar sepultamento real a Jezabel, por que ela era de linhagem real. E tinha direito a um sepultamento de honra. Ela não merecia isso, mas Jeú não podia abrir mão de sua postura de Rei por causa dela.**

*Então disse ele: Lançai-a daí abaixo. E lançaram-na abaixo; e foram salpicados com o seu sangue a parede e os cavalos, e Jeú a atropelou.*

*Entrando ele e havendo comido e bebido, disse: Olhai por aquela maldita, e sepultai-a, porque é filha de rei. 2 Rs 9:33,34*

Você pode continuar esquadrinhando a Bíblia que você vai encontrar centenas e centenas de casos de honra. A Palavra de Deus é um livro de honra. Honra é fundamento, por isso ela aparece em toda a Bíblia.

Ao viver na honra, você seguramente estará desfrutando de sua posição profética. A posição para a qual Deus lhe chamou e lhe posicionou.

Todos os homens e mulheres que descobriram a honra na Bíblia, tomaram posse do seu destino profético.

Hoje existem pessoas sofrendo e acusando o inimigo pelos seus sofrimentos. Eles não entenderam que o problema está dentro deles.

Há cristãos que cometeram o erro de desonrarem seus líderes e hoje, mesmo mudando de igreja em igreja, continuam sofrendo as consequências de desonrarem aqueles que tinham autoridade sobre suas vidas

Estão semeando a semente errada.

Refaça o seu pacto com Deus. Assim como Davi abandone a desonra e faça da honra o seu estilo de vida e use-a como arma de vitória em todos os segmentos de sua vida.

E Deus, o nosso Deus sempre te honrará. Seja abençoado e abençoador.

## BIBLIOGRAFIA

**Bíblias Consultadas:**

Almeida - João Ferreira de Almeida – Revista e atualizada

Reyna e Valera – Edição 1960

King James – 1611

Edição Vida Nova – 1960

Bíblia de Referência Thompson – 1988

Bíblia Hebraica – David Gorodovits e Jairo Fridlin - Ed Sefer

Bíblia Peshita – Edição Espanhola – Tradução dos Antigos Manuscritos Arameus. Edição 2006 – Instituto Cultural Álef e Tau.

Almeida – Edição Contemporânea – Editora Vida – 1990

**Outras Publicações:**

1. O Novo Testamento Interpretado – 6 volumes. Russell Norman Champlin. Editora Milenium.

2. Enciclopédia de Bíblia – Teologia e Filosofia – 6 volumes. Edição 1995 - Russell Norman Champlin. Editora e Distribuidora Candeia

3. Comentário Judaico do Novo Testamento – David H. Stern – Edição 2007 – Editora Atos.

4. The New Complete Works of Josephus – Edição Revisada e Expandida – Edição 1999 – Kregel Publications.

5. Comentário al Texto Hebreo Del Antiguo Testamento – Pentateuco e Históricos – Edição Espanhola 2008 – Volume 1 – Keil e Delitzsch – Editorial Clie

6. Dicionário Internacional de Teologia do Antigo Testamento – R. Laird Harris – Gleason L. Archer Jr – Bruce K. Waltke – 1ª Edição 1998 – Sociedade Religiosa Edições Vida Nova.

www.ingramcontent.com/pod-product-compliance
Lightning Source LLC
Chambersburg PA
CBHW050641160426
43194CB00010B/1764